세월

세월

배병채 수필집

해암

| 책을 펴내면서 |

소소한 일상에도 자주 마음이 흔들린다.

잘난 것 천지인 세상에 못난 사람으로 살려니 이 정도 값은 치러야 하는 것 아닌가 싶다. 마음의 치유는 언제나 쉽지 않고 흔적 또한 만만하지 않다.

살면서 때때로 갖는 회의와 의문들은 외로움이란 이름으로 다가온다. 이것은 행복하지 않다든가 불행하다 인식하는 것과는 다른 감정인데 의식의 함정 같은 것이다.

의도하지 않은 시간과 공간이 만나 우연이라는 결과를 만든다. 하지만 글을 쓰는 것만큼은 필연으로 만들고 싶은 바람을 가져본다.

잘 쓰기보다는 좋은 글, 감동적인 글을 써 보고 싶다는 간절함으로 오늘도 책상 앞에 앉는다. 좋은 글은 감동이라는 무형의 의미를 머리가 아닌 가슴에 남기는 것이라 믿으며 정진할 것이다.

안개가 바다를 점령했다. 곧 여름이 올 모양이다.

2014년 6월

배 병 채

| 차 례 |

고향

나를 존재하게 하는 것들

시간, 그리고 나

그리움에 대하여

고향

방앗간 이야기

우리 마을에는 두 개의 방앗간이 있었다. 하나는 일정량의 방아삯을 내던 정미소였고, 다른 하나는 소량의 곡식들을 빻아 쓰던 동네 디딜방앗간이었다. 두 방앗간은 서로 다른 점이 많았지만 같은 점은 세상 돌아가는 이야기가 무시로 모이고 흩어지는 곳이라는 것이었다. 평소 안부가 궁금했던 이웃의 소식들을 방앗간에 가면 곧잘 들을 수 있었다.

내가 처음으로 본 큰 방앗간의 기억은 아버지친구가 주인으로 있던 정미소였다. 이른 아침 그곳에 들렀을 때 주인은 마침 기계에 시동을 걸 준비하느라 철사 줄 끝에 헝겊을 칭칭 감아 기름을 묻혀서 불을 붙이고 있었다. 어른 키만큼 큰 바퀴같이 생긴 원통을 시계 방향으로 돌리면서 시동을 걸었다. 둥근 쇠붙이가 속력을 내고 기계의 흡입구에 불을 대면 마치 달리기를 하고 난 뒤에 가쁜 숨을 몰아쉬듯 요란한 소리를 내며 불이 흡입과 배출을 반복하면서 굉음을 내었다.

내가 꼬마전구를 본 곳도, 벨트가 연결되어 동력을 전달하는 원리를 배운 것도 정미소였지만 디딜방앗간의 기억은 그보다 훨씬 오래였다.

마을 앞 중앙에는 우물이 있고 옆에는 방앗간이 자리했다. 마을은 동해바다를 왼쪽으로 바라보고 있었지만, 방앗간은 동해를 정면으로 바라보고 있었다. 여느 방앗간이 그렇겠지만 굵은 나무 너댓개로 기둥을 삼고 지붕은 삼나무 대를 넣고 이엉을 얹어서 대충 지은 집이었다. 천장만 있고 사방이 트여 있어 여름에는 시원하였지만, 겨울에는 바람이 무시로 지나다녀 임시변통으로 가마니를 잘라 덧대어 추위를 피해야만 하는 곳이었다.

디딜방아는 위에서 내려다보면 사람인人자를 닮았다. 나무로 만든 방아의 머리에 절구를 끼웠다 뺄 수 있는 사각의 교체구와 절구를 끼우고 방아를 찧을 때 빠지지 않게 하는 나무 쐐기가 꽂혀 있다. 그 아래에는 시멘트로 만든 홈이 있는데, 자잘한 물건들을 빈번히 찧어서인지 손 때 묻은 시멘트가 마치 다듬잇돌 같이 윤이 반들반들하게 났다.

디딜방앗간은 동네에서 우물 다음으로 소중히 여기는 곳인 까닭에 항시 정갈했다. 뒷정리를 위해 꼭 필요한 몽당 빗자루는 언제나 방앗간 기둥 옆에 세워져 있었다. 수숫대로 만든 그 몽당 빗자루는 누군가 일부러 잘라서 가져다 놓은 것으로 크기도 적당해서 방아를 찧고 나면 방아의 홈을 청소하는데 아주 요긴하게 쓰였다.

방아공이의 아래쪽은 한자로 사람인자의 모양으로 끝이 둘로 나누어진다. 두 사람이 나란히 서서 발판에 몸무게를 실어 누르면 방아머리가 들리고 발판에서 발을 내리면 곤두박질치면서 곡식이 찧어진다. 순전히 몸무게와 다리의 힘만을 이용한 노동이었던 셈인데, 힘들거나 균형을 잃었을 때를 대비해 가슴높이에는 손잡이용 새끼줄이 달려 있었다.

두 사람은 짝을 맞춰 양쪽 다리를 밟고 내리며 방아머리를 들었다 놓았다 하고 방아머리 쪽에 앉은 사람은 오르락내리락 하는 틈을 이용해서 부지런히 내용물을 뒤집거나 바꾸어 넣어야 했으므로 방아를 찧는 사람과 방아머리 밑에 앉은 사람의 호흡은 척척 맞아야했다.

동네 공용방아의 절구는 나무로 된 절구였지만 동네에서 유일하게 우리 집에는 쇠머리가 덧입혀진 절구를 가지고 있었다. 증조할아버지가 한학을 하는 바람에 가세가 기울어지자 고생고생 끝에 할아버지는 물레방앗간을 마련했다. 방앗간의 수입으로 제법 집안을 일으켜 놓고 할아버지 말년에 물레방앗간을 그만두게 되었다. 할아버지는 다른 물건들은 다 없애시면서 무슨 이유에서인지 방아 찧는 기계의 본체와 쇠절구만은 헛간에 남겨 두셨다.

헛간은 우리들의 놀이터였다. 나락을 넣고 손으로 축을 돌려 쌀을 만들어 먹는 재미로 우리들의 놀이 감으로 종종 이용 되고는 했다.

사람들은 고추를 빻는다거나 딱딱하여 나무절구로 잘 빻아지지 않는 방아를 찧을 때는 무시로 우리 집에 와 빌려갔는데 그 일이 여간 번잡스러운 게 아니어서 나중에는 아예 방앗간에다 가져다 두고 누구나 쓸 수 있게 하였다.

과거 어디서나 볼 수 있었던 일상속의 물건들이 이젠 박물관에서나 볼 수 있게 된 것들이 하나 둘이 아니다. 고향의 디딜방아도 쓰는 사람이 적고 관리조차 되지 않아 나날이 삭아서 이젠 형태만 간신히 남아있다.

어디 디딜방아만 그런가. 우람한 위용을 자랑하던 정미소도 몇 번의 불이 나고 주인이 바뀌어 최신식기계로 탈바꿈했지만 찾는 이가 적은 모양이다. 집집마다 소형 도정기계를 가지고 있어서 조금씩 도정해서 먹으니 굳이 방앗간으로 갈 필요가 없다. 이제 물레방앗간 이야기도 전설이 된지 오래고 디딜방아의 추억도 세월 속에 묻혀간다. 오고가는 것이 세상만물의 이치다. 그렇다고 세류를 멀리하고 나 좋다고 붙잡으라고 할 수도 없는 일이니 더욱 아쉬운 마음뿐이다.

늦은 밤, 잔치에 쓸 떡쌀을 디딜방아로 찧던 아낙들의 웃음소리가 그립다.

봄나들이

봄은 꾸미지 않아도 엉덩이가 들썩이는 때다. 어느 지인이 따라가자 말하지 않았다 하더라도 어디론가 떠날 참이었다. 울고 싶은데 때려 주는 사람이 있으면 절이라도 하고 싶은 법이다.

신년을 맞아 큰 스님들께 문안 겸 세배를 드리러 가는데 따라가지 않겠느냐는 지인의 권유에 옳다구나 하고 따라 나섰다. 마침 인원이 생각보다 많아 타고 갈 차도 필요하였기에 이리저리 핑계가 좋았다. 양정동에 있는 어느 선원의 주지스님을 뵙고 다음 일정으로 잡은 곳이 양산 통도사 말사 중에 하나인 축서암이라는 사찰이었다.

천지는 이미 봄물이 오르고 있어 멀미가 날 지경이었다. 형체가 없어도 느낄 수 있는 봄기운은 대단한 것이었다. 차가 통도사 인터체인지로 진입하자 봄비가 속살거리며 내리기 시작했다. 그렇지 않아도 춘삼월의 기운에 머리가 몽롱할 정도였는데 봄비를 맞으며 축서암 매화 밭을 걷는 기분은 꿈속인 듯 아늑했다.

환하게 핀 매화나무를 뒤로하고 일행은 목조건물 안으로 들어갔다. 스님의 거처로 보였는데 스님께 삼배를 드리고 앉으니 벽에 한지로 그린 서화들이 아담하게 걸려있었다. 화실 겸 거처로 사용하는 방인 듯 보였는데도 정갈해서 그런지 은은한 향이 나는 것 같았다.

그림으로 유명한 노스님은 지혜로 성성한 눈빛을 가지고 있었다. 외견으로 보기에도 단박에 혜안을 가진 스님이라는 느낌이 드는 것을 보면 스님이라기보다는 예인 혹은 학자 같다는 어쭙잖은 생각이 문득 들었다. 스님을 중심으로 부챗살처럼 쭉 둘러서 앉았다. 노스님은 휘이 한 번 눈길을 주시고는 물이 가득 든 주전자를 들고 침향이 가라앉는 모습을 보여주셨다. 자연의 이치와 세세한 사연들을 지혜의 말을 빌려 들려주시며, 주섬주섬 손 때 묻은 다기를 꺼내 놓았다.

노스님은 서늘한 눈빛으로 봄빛을 단박에 흔들 듯 '기운 좋은 이가 나가서 매화를 좀 따오지' 했다. 어린아이의 속살같이 보드랍고 청묘하게 여린 청매가 봄비를 맞고 들어오자 한 잎 한 잎 찻잔에 떨어뜨렸다. 육안 차에 띄운 청매는 흐트러진 자세를 곧추 세우듯 놀란 듯 화들짝 개오, 개화하고 발향을 했다. 나무로 지은 집의 목향, 물속에서 천 년을 자란다는 진기한 침향, 천지의 기운을 먹고 자란 다향에 문향까지 그윽했다.

애써 방만한 봄기운을 붙잡으려는 듯이 처마 밑으로 봄비는 소리죽여 내리고 있었다. 봄이라도 찬 기운 다 물리기는 어려웠던지 세우에 젖은 몸은 찻잔의 온기로 따스했다.

대웅전 앞에서 합장을 하며 기억을 되살린다. 언제였던가. 장손을 낳고 아들 욕심에 내리 여섯의 딸자식을 얻은 할아버지는 아들이 난리 통에 군대로 가게 되자. 하소연하고 매달릴 곳은 영험 하다는 부처님뿐이었다. 시주할 쌀을 넉넉히 준비하고 재 너머 천 년 고찰로 길을 나섰다.

산속의 밤은 칠흑이나 마찬가지인데 인가에서 멀리 떨어져 인적이라곤 없는 호랑이가 나온다는 외진 산속을 무서운 줄도 힘든 줄도 몰랐다. 몇 시간을 가파른 산모퉁이를 돌고 또 돌아서야 신흥사에 도착했다. 증조할아버지가 쓰셨다는 신흥사란 현판에 힘을 얻으려는 듯 고개를 조아려 읍을 하고 곧장 법당으로 들어갔다.

간간히 산짐승들의 소리가 들리며 깊은 산중의 밤은 정적 속에서도 흘렀다. 향로에서 연기를 만들며 타들어가던 향나무가 타서 재가 되기를 얼마나 반복했을까. 밤을 사루 듯 사위어 갔다. 얼마나 간절하고 절절한 바람이던가. 그저 장손 살려달라고 아들 하나 있는 것 무사히 집으로 돌아오게 해달라고 빌고 또 빌었다. 창호지 틈으로 여명이 들자 그제야 날이 밝아 왔음을 알았다.

몸은 기력을 다하여 비칠거렸고 겨우 하룻밤 사이에 무명 옷 바지의 무르팍은 헤어져 버렸다. 얼마나 성심을 다한 간절한 바람이었을까. 바닥에 닿은 무릎은 피멍이 들고 온 몸의 기운은 남김없이 소진되어 법당 문을 나오자마자 쓰러지듯 풀썩 주저앉고 말았다.

일각이 여삼추라 하나뿐인 귀한 아들이 제주도로 갔다는 소식을 알고는 식량을 제외한 쌀섬을 모두 내다 팔았다. 온몸에 전대를 두르고 물어물어 제주도로 가는 작은 배를 빌려 탔다. 잘못하면 죽을지도 모르는 망망대해의 섬 제주도에 작은 배 하나에 몸을 의지하며 찾아가는 것이었다.

천신만고 끝에 제주도에 도착하여 아들이 있는 부대를 찾아내고, 곧장 인근 사가에 거처를 잡았다. 그러고도 안심이 되지 않아 아들의 부대가 이동을 할 때마다 따라다니며 정성을 다했다. 추수 때가 되면 경주로 돌아와 돈을 가지고 가기를 몇 해, 아버지는 육군본부에서 전쟁 통에도 펜대만 잡다가 오 년인가 육 년 만에 만기제대를 했다.

법당 문을 들어서면 제일 먼저 할아버지가 생각난다. 냉철하기만 했던 할아버지도 자식을 위해서는 물불가리지 않은 사랑을 보이셨다. 자식 이기는 부모 없다는 말도 있듯이 호랑이 같은 할아버지도 유일하게 이길 수 없었던 단 한사람은 삼대독자 아버지였던 것이다.

안개가 향기를 가두어 두어서일까. 만개한 매화가 봄비를 맞자 향은 더 짙어지고 바람결에 매화는 날리듯 떨어지며 꽃비를 만든다. 대웅전 옆으로 돌아 나오는 발걸음이 더디어지고 무거워진다. 손자가 둘이라는 게 얼마나 좋았던지 삼칠일이 겨우 지난 나를 안고 '누가 손자가 몇이냐고 물으면 둘이라고 말할 테다' 하시며 당당하고 호기롭게 웃던 할아버지의 웃음소리가 들리는 듯하다.

법당 문을 나서자 바람에 떨어지는 꽃잎들의 모처럼의 나들이를 반기듯 흩날린다.

세월

무게를 더 이상 감당하기 힘들었을까. 비바람에도 의연하게 버티어 오던 화단 앞의 낮은 담장이 무너졌다. 담장이라 말하기에는 볼품은 없었지만 화단과 창고로 쓰던 건물사이에 돌을 쌓아 경계를 지었으니 담이라 불러야지 싶다.

작심을 하고 옛 고향집의 돌담을 생각하며 어설픈 솜씨로 무너진 담을 쌓기 시작했다. 큰 돌을 아래쪽에 놓아 기반을 튼튼히 하고 사이사이에 알맞은 작은 돌로 빈틈을 채웠다. 처음부터 제대로 된 돌담을 쌓을 것이라고 생각하지 않았다. 크기가 제각각인 돌로 담장의 모양을 내기란 결코 쉬운 일이 아니어서 고개를 갸웃거리면서도 물러날 생각은 조금도 없었다.

증조부께서는 한학을 하셨다. 젊은 시절 청운의 꿈을 안고 학문에 정진하셨으나 벼슬길이 여의치 않으셨다. 말년에는 제자를 양성하시는데 주력하여 한양, 충청도, 경상도, 안동 등을 다니시면서 많은 제자를 배출해 내셨다. 남겨진 방대한 서책과 고종황제의 어인이 찍힌 첩지를 유산으로 남겨주신 것을 보면 한학이나 벼슬에 대한 허황된 바람만 있으셨던 분은 아닌 듯하다.

말년에는 고향으로 돌아와 서당을 열어 후학들을 가르쳤는데, 어느 해 흉년이 들자 멀리 안동에서 경주까지 제자들이 소달구지로 쌀을 실어와 위급을 면할 정도로 가르침에 소홀함이 없는 분이셨다.

'중이 제 머리는 못 깎는다' 는 속담처럼 정작 당신의 자식들을 훈육하는 일을 하지 다하지 못하셨다. 다섯 명의 장성한 자식들에게 훈육의 책임을 다하지도 못하고 유산을 물려주지 못하는 것이 한이 되었을까. 자신의 전부라고 해도 좋을 서당을 팔아서 자식들의 종자돈을 마련해 주기로 하셨다.

만월이 사위를 비추어 티끌조차 숨길 수 없을 것 같던 밤, 대숲에 일던 소슬한 바람조차 숨을 죽였다. 날이 새면 남의 손으로 넘어가 버릴 서당의 기둥을 어루만지며 울고 계시던 증조부. 차마 나서지 못하고 기둥 뒤에 숨어서 지켜보며 소매 끝이 젖도록 소리죽인 비탄의 할아버지.

반드시 재물을 모아 이 보다 더 큰 집을 꼭 지어 드리겠다는 다짐이 있던 밤이었다. 다행히 할아버지는 근면 성실하였으며 이재에도 밝아 종자돈은 크게 불어났고 인근에서 가장 크고 웅장한 집을 지어 드리게 되었다.

인간사 새옹지마라 했던가. 할아버지 때의 번성한 집안도 기운을 다 하자 부산으로 이주를 하게 되었다. 고향을 떠나 넓고 큰 도시로 가는 길이 희망의 길이었으면 얼마나 좋았을까. 몰락한 집안의 이주는 이별의 아픔보다 소리죽인 슬픔만이 있을 뿐이었다.

아버지께서는 증조부님을 위해 할아버지가 지으셨다는 큰 집을 헐어서 재목을 팔아 선산을 비롯해 집터와 논밭이 남의 손에 넘어가는 위난은 막을 수 있었다. 그것으로 증조할아버지와 할아버지의 부자지정은 우리에게 큰 의미로만 남았다. 가끔 고향에 가서 누구네 손자라고 인사하면 '아! 그 분의 손자구나.' 혹은 '우리 스승님의 증손이구나!' 반겨주시던 그 분들과 함께 모든 것들이 세월 속으로 멀찍이 사라지고 말았다.

고향에 들릴 때 마다 휑한 집터가 보기에 좋지 않았다. 주인 잃은 나무들은 힘이 없어 보이고 삽짝 문은 해마다 삭아들더니 돌담의 높이도 자꾸만 낮아졌다. 천년만년 갈 것 같던 돌담이 무너지자 형제들의 마음도 고향을 떠나는가 싶었다. 막연하나마 귀향을 꿈꾸던 생각들이 하나 둘 사라져 버렸는지 이제 형제들 중 누구하나 낙향하여 살겠다는 이가 없다.

몸이 떠나면 마음도 멀어지기 마련인 모양이다. 유산으로 남겨진 산이며 논밭들이 하나 둘 남의 손으로 넘어가더니 결국 집터를 팔아 폐교를 얻었다. 몇 백 평의 집터를 수천 평의 대지와 바꾸었으니 그리 나쁠 것도 없다. 그러나 고향에서 마음이 온전히 떠나버리는 것은 물론 명분까지 잃게 되었음이 안타까울 뿐이다.

이제 어설프게 시작했던 돌담 쌓기도 완성되었고 반년을 끌던 공사도 마무리되었다.

새로 쌓은 돌담에 비치는 햇살이 흐르는 세월처럼 고요하다.

솔바람 소리

주말 새벽, 악마 같은 잠의 유혹을 물리치고 간신히 일어났다. 평소 같았으면 쉬는 날이라고 늦장을 부리며 게으름을 피웠겠지만 고향 경주에 가기로 선약을 했기에 선택의 여지가 없다.

약속한 포클레인은 날이 밝자 기다렸다는 듯이 희붐한 어둠 사이로 거친 소리를 내며 산모퉁이를 돌아왔다. 깨끗이 정리하겠다는 다짐이라도 하듯 덩치 큰 포클레인은 해수병 환자처럼 거친 숨을 그르렁거리며 느리게 다가왔지만 모습은 백전노장처럼 늠름했다.

경사지고 휘돌아간 논둑길을 돌아 묵정밭에 도착하자 알맞게 날이 밝았다. 그러나 일거리를 보자 힘을 주체하지 못하는 포클레인과는 달리 나는 고개를 갸웃거리기만 했다. 나란히 붙은 논과 밭의 경계도 알 수 없었지만 나무가 우거져 명확했던 산과의 경계선도

아리송했기 때문이다. 일거리를 앞에 두고 투지에 불타는 백전노장의 재촉에 기가 눌려 기억을 더듬어 남의 산을 침범하지 않을 정도로 대략의 경계를 알려주었다.

솜씨 좋은 기사는 익숙하게 땅을 파고 길을 만들었고 아름드리 나무를 넘기고 동강내면서 시야를 넓혀갔다. 기계의 힘은 대단한 것이었다. 수령 삼십 년이 넘는 나무도 포클레인 앞에서는 추풍낙엽에 지나지 않았다. 점심시간 무렵이 되자 장정 수십 명이 달라 들어도 못할 일을 거뜬하게 해내고 있었다.

일 잘하는 포클레인 기사와 마을에서 오리나 떨어진 횟집에서 점심을 먹고 돌아오니 졸음이 왔다. 부족했던 잠과 포만감이 불러온 노곤함이었는데 기사는 담배 한 개비를 태우더니 아무 일 없었다는 듯 믿음직하게 일을 시작했다.

그렇지 않아도 육중한 덩치에 눌려 기를 펴지 못했던 나는 병든 닭 같은 모습을 보이지 않으려고 산보삼아 산길을 걸었다. 개울과 산길을 타고 가다가 길이 막히면 좁은 논둑길로 돌아가고 논둑 길조차 막히면 우회하여 산을 돌았다. 그저 졸음을 깨우고자 시작한 일이었지만 제법 호젓한 산길로 접어들자 신기하게도 시간의 개념과 거리도 머리에서 셈이 되지 않았다. 멀어져 버린 세월, 잃어버렸거나 잊어버린 내 유년의 시간들을 찾아 거슬러 오르듯 이마에 땀이 송골송골 맺혔다.

소소한 바람은 겨울이라는 걸 잊어버릴 만큼 훈훈했고 이미 나의 발걸음은 무엇에 홀린 듯 한 번도 가보지 못한 길을 걷고 있었다. 호기심 많은 아이라도 된 것처럼 산과 계곡의 다락 논을 번갈아 쳐다보며 혹시라도 한 움큼의 기억을 되살릴 수 있을지도 모른다는 기대감이 있었다.

그런 기억이 내면 어디에 숨어있었다가 나왔는지 자신조차도 가늠하기 어려운 일이었다. 쉰이 넘은 지금까지 굳이 알려고 하지 않았고 그리워하면서도 감히 알아볼 생각조차도 할 수 없었던 일이었다. 그랬던 과거의 잃어버렸거나 잊혀 진 일들이 불현듯 그리움과 애달픔의 복잡한 감정이 되어 나타났다. 어쩌면 이미 고인이 되어 버렸거나 수십 년 전에 헤어져 다시는 만날 수 없고 볼 수 없는 그리운 사람들과의 안부가 궁금한 것이었는지도 모르겠다.

길은 낮은 산정을 눈앞에 두었고 다락 논은 끝이 보였다. 손바닥만 한 땅이라도 이용하려했던 다락 논도 더 이상은 인력으로 공간을 만들 수 없었던 모양이다. 산정으로 가는 길은 완만했고 제법 호젓한 오솔길은 착각인지 몰라도 겨울 같지 않게 따스한 바람이 불었다. 수십 년 전 고향을 떠날 때 단절되었던 때의 공간과 현재를 소통시켜 줄 것 같은 햇살을 타고 온 온화한 바람이었다.

오솔길은 낮은 산정으로 이어져 있었고 햇살이 몸을 감쌌다. 봄 소풍을 갔을 때처럼 낯익은 햇볕과 키 작은 소나무 숲이 눈앞에 펼

쳐져 눈물이 났다.

여자아이들은 책보를 허리에 맸고 남자들은 등에 세로로 엇갈리게 맸다. 양은 도시락에 담긴 삶은 고구마는 등굣길에 이미 반이나 뭉개져 버렸다. 성만리 목장으로 올라가는 아이들의 긴 행렬은 끝없이 이어지는 개미의 이동 같았다. 400여 명의 아이들이 얼굴이 벌게지도록 땀을 흘리다가 굽이굽이 오르막을 만나자 걸음은 점점 느려지고 줄은 바람 앞에 등불처럼 흔들거렸다.

까마득히 멀어져간 고학년들을 바라보며 우리는 목적지의 중간쯤인 동남사라는 작은 절에 보따리를 풀었다. 먹고 싶지도 않은 고구마는 당연히 형체도 알기 어렵게 뭉개져 있었고 고추장으로 양념한 맵고 짠 멸치에서는 국물이 흘러 밥이 얼룩덜룩 해졌다. 소풍이라고 사이다 장수도 사탕 장수도 지게 짐을 지고 올라와 전을 펼쳤지만 지전 하나도 가지지 못한 아이의 가슴에는 쏴한 바람이 불었다.

그리움과 익숙한 풍경에 젖어있을 그때 먼 바다에서 큰 파도가 몰려오는 소리가 났다. 나는 바다가 아니라 양지바른 야산 소나무 숲속에 있었으므로 영문을 모르겠다는 듯 긴장하며 소리의 근원을 찾으려 귀를 쫑긋했다. 소리는 낮으면서도 웅장하게 들려왔다. 한참만에야 내가 오랫동안 잊어버리고 있었던 소리라는 것을 알았다.

바람 소리는 소나무 숲속으로 바람이 통과하면서 내는 낮으면서 황홀한 솔바람 소리였다. 지게를 지고 겨울 산 능선을 몇 개나 넘어 불이나 죽은 마른나무를 베러갔다. 귓불을 스치는 아린 바람에 놀라 자라목처럼 고개를 넣고 산길을 걸었다. 계곡에서 불어오는 바람은 거친 소리를 냈다. 하얀 입김을 폴폴 내며 나무를 하다가 먼 산을 바라보며 잠시 숨을 고르면 멀리서부터 솔바람 소리가 났다. 그건 황홀한 환희의 소리였기도 했지만 슬픔이 가득 담긴 소리이기도 했다.

산이 아니면 감히 흉내조차도 낼 수 없는, 가슴 저 밑에 숨어있던 묵은 응어리들을 훑어내듯 시원하면서도 시린 소리였다. 파도가 자갈돌을 굴리며 길게 내는 일정한 리듬의 파도소리 같았다. 멀리서부터 다가오는 소리에 그립고 그리웠던 정인을 만난 듯 마음이 촉촉해졌다.

많은 사람들의 함성 같은 솔바람 소리는 잊어버렸던 과거의 기억을 되살리는 소리였다.

솔바람 소리는 점점 가까워지고 포클레인 소리는 점점 작아졌다.

봄

오늘도 봄비가 내린다. 해마다 이맘때 내리는 비속에는 사람의 마음을 아리게 하는 무엇이 있다. 어떤 이름으로 포장을 해도 결코 잊혀지지 않는 아픔 같은 것이다. 서럽게 핀 진달래의 핏빛 같기도 하다.

내 고향은 바다와 오리 남짓의 거리를 둔 경주의 산촌이다. 작은 산촌이지만 공맹과 유교의 뿌리가 깊어서 작은 동네였지만 꼬장꼬장하게 공맹을 받들던 사람들이 제법 있었다. 그 영향으로 산골에서는 체면과 명분을 중시하는 풍토였고 반대로 바닷가 사람들은 실용적인 생활방식을 선호하였다. 그래서 지척의 거리를 둔 이웃이었지만 그다지 호의적인 관계는 아니었던 것으로 기억된다.

논농사를 주업으로 하는 마을이었지만 봄이 가까울 때면 집집마다 넉넉지 못한 식량들이 바닥을 보였다. 밥에다 감자와 고구마를 섞어 먹으며 진달래가 피는 봄이 올 때까지 버텨야했다. 그것조차 여의치 않을 때에는 무를 썰어 넣은 무밥을 만들어 먹었다. 무밥은 먹기도 힘들었지만 숭늉은 더 먹기가 어려운 것이었다.

그럴 즈음이면 동네 아이들의 얼굴빛은 누렇게 뜨고 마른버짐이 나타나기 시작했다. 먹을거리가 부족하면 추위도 더 타는 법이지만 추위가 물러나면 봄이 온다는 희망으로 버텨 내었다. 딱히 봄이 온다고 해도 뚜렷한 희망의 방책이 없었음에도 말이다.

산촌의 봄은 더디게 왔다. 그래도 계절은 어김이 없었다. 멀리 바다를 바라다보며 나무 짐을 지고 비탈길로 접어들면 주변의 풍경은 사뭇 달라졌다. 산 위에서 보이던 탁 트인 넓은 바다가 보이지 않는 대신 안평대군의 꿈 이야기를 그렸다는 안견의 몽유도원도를 연상시키는 그림이 나타났다. 좌는 현실세계요, 우는 이상세계를 상상하는 것처럼 말이다. 그 힘겨운 나무 짐을 지고 내려오면서 바라 본 뒷산 풍경은 아름다우면서도 슬펐다. 지금 생각해 보면 미처 삭이지 못한 설움을 어렴풋이 알았던 시기가 아니었을까 싶기도 하다.

이즈음 야트막한 고향의 양지바른 뒷동산에는 진달래가 피어났다. 온 산이 불붙듯 다투어 피었지만 진달래는 슬픈 꽃이다. 소월의 진달래가 그랬듯이 그때 본 진달래는 꾹꾹 눌러놓은 한을 먹고 자란 꽃 같았다. 춘궁기에 배고픔을 달래기 위해 입에서 쓴물이 올라오도록 따먹던 진달래는 그래서 반가우면서도 슬픈 꽃으로 기억되고 있다.

진달래가 서둘러 피는 뒷골에는 막내 여동생의 무덤이 있다. 세상에 태어나 햇빛을 겨우 일 년 남짓밖에 보지 못한 아이였다. 병치레가 잦아 제대로 된 이름조차 가지지 못하고 그저 순이라 불렀다. 그 애는 태어난 다음 해 봄에 작고 여린 주검이 되어 보자기에 싸이고 항아리에 넣어져 산으로 올라갔다. 고개 마루를 넘어 뒷산으로 향하는 할아버지의 지게머리 위로 핏빛 진달래가 매달아 놓은 듯 흔들거렸다. 그때의 지게와 진달래는 오랜 세월이 지난 지금도 눈에 밟힌다. 해마다 진달래가 한창이면 봉분도 없고 형체도 알기 어려운 순이 무덤 주위를 서성거리곤 했다. 그럴 때마다 연분홍 설움에 가슴 저 밑에서 쏴아 하고 올라오곤 했다.

70년대 어느 여름, 큰 홍수가 밀려오면서 문전옥답이라던 농토를 거의 잃어버렸다. 이듬해 봄에 온 가족이 부산으로 이주를 했다. 고향에서 가장 크고 위용 있던 집을 뒤로하고 작고 꾀죄죄한 두 칸 방의 스레트 집에서 살게 되었다. 먹고사는 것조차 만만한 상황이 아니었으므로 낯선 도시에서 산다는 것이 고난의 연속이었다. 누구하나 호의를 가지고 반겨주는 사람은 없었다. 당당했던 형제들은 말수가 적어지고 의기소침해져갔다. 그 가운데에서도 우리는 다시 가문을 일으키리라 다짐하고 또 했다.

오 년이 지난 어느 봄날이었다. 오후가 되도록 일어나지도 못하고 병원으로 실려 갔다. 신장병이었다. 단기간에 치료가 되지 않는 병이라 늘어나는 병원비를 감당할 수 없어 의사의 권고와 가족들의 만류를 뿌리치고 보름 만에 퇴원을 했다. 환약과 조약 등 민간요법으로 치료를 한다고는 했지만 돈 없이 할 수 있는 치료는 너무나 뻔했다. 병도 지겨웠는지 아니면 죽을 운명은 아니었던지 사경을 헤매며 3년을 끌다가 기인을 만나 벗어날 수 있었다.

이후에 맞이하는 봄은 조금의 아쉬움도 없는 계절이었다. 내 기억 속에 봄은 고향에서처럼 피를 토하는 듯 한을 풀어내는 슬픈 가락의 판소리 같았다. 그러나 어찌 아픔만 있으랴. 결코 좋아하지 못할 것 같던 계절도 약간의 위안거리를 갖게 된 것은 결혼이었다.

아내는 봄의 향기를 좋아했다. 고운 마음씨를 가졌으며 맑은 영혼의 소유자였다. 두 아이도 공교롭게 봄을 생일로 태어났다. 그것만으로 지난 아픔을 완전하게 치유할 수는 없었지만 행복했다. 그렇게 잊어버릴 만한 봄의 악몽을 다시 일깨운 것은 아버지의 죽음이었다.

봄비에 꽃들이 떨어지던 어느 날, 아버지는 늘 가까이 하시던 시경詩經을 나에게 건네시며 마지막을 준비하셨다. 꽃상여와 만장기가 산을 향하는 길목을 따라 봄바람에 펄럭였다. 그리고 산 하나를 사이에 두고 막내여동생과 마주보며 누우셨다. 진달래가 유난히 붉은 날이었다.

봄이 되면 지금도 뒷산에서 뻐꾸기 울고, 완만한 능선을 따라 진달래가 한창이겠다. 지나간 기억들을 떠올리면 눈물이 날 것 같다. 돌아오는 일요일에는 생전에 귀여워하시던 막둥이 놈을 앞세우고 아버지를 찾아뵈어야겠다.

그리고 무거운 짐을 내려놓듯 어려웠던 마음의 짐들을 내려놓고 와야겠다.

큰할머니 작은할머니

추석을 맞아 경주 요양원에 계시는 작은 할머니를 찾았다. 작년부터 사람 알아보는 일이 점점 흐릿해지시더니 할머니는 이제 나의 얼굴도 알아보지 못하셨다. 곁으로 다가서는 나에게 흐릿한 눈으로 고개를 갸웃하시며 '댁은 누군기요?' 하고 습관이 된 본능적인 물음만 던지신다.

올해 할머니의 연세가 아흔 하나, 노구에 치매는 점점 더 심해질 것이고 잠시 잠간이라도 기억이 돌아올 때 '아, 누구구나' 해 주시는 것만으로 만족해야겠다.

할아버지는 오형제로 4남 1녀 중 세 째 아들이었다. 거인 집안의 자손답게 할아버지의 키는 육척을 상회했고 굳은살이 옹이처럼 박인 질그릇 같이 투박한 손을 가지신 분이셨다. 지게 작대기처럼 굵고 긴 손가락에 박힌 굳은살은 꾀부리지 않고 우직하게 살아온 할아버지 삶의 징표 같은 것이었다.

이런 할아버지에게는 야속하게도 대를 이을 아들이 없었다. 첫째 둘째 할아버지는 아들 하나만 두고 있었고, 넷째 할아버지는 아들이 둘이었으나 성인이 되기 전에 불귀의 객이 되어버려 할아버지 형제 중에서 양자로 삼을 아들도 없었다. 상황이 그렇다보니 작은할머니를 두게 되었는데 어찌된 일인지 작은할머니 역시 대를 이을 아들은 낳지 못하고 딸 둘을 낳고는 단산이 되었다. 그래서 아버지 형제 대에는 양자를 들이지 못하고 손자 대에 이르러서야 큰집의 둘째 손인 내가 할아버지의 양자로 족보에 이름을 올리게 되었다.

작은할머니의 일은 내가 태어나기도 훨씬 전의 일이라 기억할 수 없지만 내가 자라면서부터 보아온 작은할아버지 댁의 큰할머니는 호랑이보다 무서웠다. 행여 우리들이 가만히 있지 못하고 손장난을 하면 자그마한 체격의 할머니는 천둥치는 소리를 내셨다. '이놈의 손들, 손에 베룩(벼룩)이가 붙었나?' 하시며 야단을 치셨다. 그래서 늘 큰할머니는 어렵고 무서워서 피해 다니기 일쑤였다고 눈앞에서 달아날 궁리만 했다.

당신이 대를 이을 자식을 못 낳자 할아버지께서 작은할머니를 들이시고부터 심사가 뒤틀려 그랬을 것이다. 평생을 함께 할 지아비를 다른 여자에게 빼앗겼다고 느낀 할머니의 가슴이 얼마나 허허롭고 아팠을지 짐작하기 어렵지 않다. 철썩 같이 믿고 따르던 지아비에게 배신감을 느끼고 안방을 다른 여인네에게 빼앗긴 여인의 한이 얼마나 깊었을까. 안방마님의 권한을 빼앗아간 작은할머니가 죽이고 싶도록 미웠을 것이고, 씨앗인 여아가 얼마나 눈에 가시였을지 짐작하기 어렵지 않다.

내 기억에는 한 번도 큰할머니가 환하게 웃는 모습을 본적이 없다. 할머니의 입에서는 언제나 무서운 야단치는 소리만 쏟아졌고, 우리의 머리 한 번 살갑게 쓰다듬어 주시지 않으셨다.

큰할머니는 작은할머니가 하는 일은 사사건건 트집을 잡았다. 그래도 할머니의 한은 쉬 삭혀지지 않았을 것이다. 가슴에 불덩이가 들어앉은 것처럼 화병이 돋았고 세상에 아무리 바른 것을 보여주어도 삐딱하고 부정적인 것으로 비춰졌으리라.

가슴에 불이 나면, 할머니는 밤낮을 가리지 않고 휑하니 개울건너 혼자 사는 친구 집을 찾아가시면 몇 날이고 집에 들어오지 않으셨다. 할아버지는 작은할머니를 들인 미안함 때문인지 그런 큰할머니를 크게 타박하지 않으셨다. 비록 형제들의 강권이 있기는 했다지만 결국 당신의 제사를 지내줄 자식을 얻으려 했던 것이 할머니의 방황의 원인임을 아셨기 때문이리라. 눈 코 뜰 새 없는 농번기에도 큰할머니는 손도 까딱하지 않았다. 웬일인지 돌담 옆에 있는 작은 채마밭의 부추만은 늘 돌보곤 했다.

밥 짓고 반찬 만드는 것부터 자잘한 집안일은 모조리 작은할머니의 몫이었다. 일이 버겁고 힘이 들어 작은할머니는 가끔 입을 삐죽거리긴 했지만 크게 문제 삼지는 않으셨다. 부엌의 부지깽이도 필요하다는 농번기에도 할아버지나 작은할머니는 그 일로 큰할머니를 닦달하거나 표시 내어 원망하지 못했다. 그런 것으로 보면 얼마간이라도 두 분은 큰할머니의 심정을 이해하려 했던 것이 아닌가 싶다.

내내 바깥으로만 돌던 할머니가 집에 들어오는 시간은 주로 저녁때였다. 할머니의 삭히지 못한 성화는 밥상머리에서도 불을 뿜었다. 짜다. 싱겁다. 뜨겁다. 식었다……. 할머니는 작은할머니가 하는 일은 사사건건 트집을 잡고도 할머니의 한은 삭혀지지 않는 것인지 잔소리는 그칠 줄을 몰랐다. 보다 못한 할아버지가 혀를 끌끌 차시며 놋숟가락으로 상을 몇 번인가 두드리시면 할머니의 푸념이 겨우 잦아들곤 했었다.

끝이 없을 것 같던 큰할머니와 작은할머니의 씨앗다툼도 할아버지가 돌아가시자 한풀 꺾였다. 한의 대상이자 원인이 소멸해서였을까. 얼마 지나지 않아 큰할머니가 중풍으로 쓰러져 병석을 차지하고 나서부터는 작은할머니가 병수발을 들면서 서로에 대한 적대감은 많이 부드러워졌다. 큰할머니가 병석에서 운신을 못하자 작은할머니가 유일한 대화 상대자가 되었다.

애증의 관계가 동지가 되는가 싶더니 결국 같은 운명의 한을 삭히는 사이가 되었다. 서로를 향한 측은지심이었는지 어느 날 부터 두 할머니는 같은 방을 쓰며 친구처럼 도란도란 이야기를 나누는 사이로까지 발전하게 되었다.

그로부터 몇 년 뒤 큰할머니는 할아버지를 찾아 세상을 떠나가셨다. 홀로 남은 작은할머니는 외로움을 견디지 못하셨던지 여든이 넘으면서 정신이 흐려지기 시작했다. 정신이 온전할 때도 비행기가 달나라까지 간다는 이야기도 믿지 못하시던 작은 할머니였다. 비행기 타고 외국에서 몇 년을 살다왔다는 사진을 보여 주어도 영 믿지 못하시는 할머니였다. 정신만은 맑으셨던 할머니가 이제 과거의 기억도 몇 초를 넘기지 못하신다.

할머니와 나는 다람쥐가 쳇바퀴를 돌리며 달리듯 같은 말을 누차 반복하고 있다. 아무리 머리를 주억거리며 기억을 되살리려 해도 할머니는 마치 악몽을 꾸듯 치매의 언저리에서 벗어나지 못한다. 정신이 온전할 때 할머니가 조심스럽게 묻던 말이 생각난다.

"나중에 내 죽으면 제사 네가 지내 줄 끼가?"

"그럼요. 할머니 제사는 당연히 제가 지내야지요?"

하면 그래하고 흐뭇한 웃음을 흘리셨던 할머니. 이제 작은할머니도 할아버지 곁으로 가실 날이 멀지 않은 것 같다.

생각해보면 할아버지도 할머니도 모두가 인습의 피해자 일 수도 있다. 살아있는 부모를 모시는 일과 돌아가신 조상들의 제사를 자신의 목숨 다음으로 중히 여겼던 관습을 할아버지는 지키려 했던 것 아니었던가.

가을들판을 등지고 돌아서 오는 이별은 이토록 가슴이 아린데 내 손을 잡은 아이의 통통한 손과 볼은 더없이 싱그럽기만 하다. 노인들은 저만치 가고 아이들은 이만큼 다가오고 가고 오는 것이 만물의 이치고 또 사람 사는 일 아니던가.

할아버지와 소

추위가 겨우 물러난 이른 봄, 할아버지는 아직 코뚜레도 하지 않은 송아지 한 마리를 끌고 오셨다. 고집이라도 피우면 끊어지기 딱 좋을 만큼 허술하게 꼰 새끼줄에 묶인 송아지는 그것도 모르고 터벅터벅 이끄는 대로 따라왔다.

외양간은 할아버지의 방 옆에 붙어 있었고 날마다 장작불을 피워 쇠죽을 끓였다. 해거름이 되면 허술한 황토벽과 한지를 바른 여닫이 문 틈으로 매캐한 연기가 들어와 방안을 가득 채웠다. 할아버지의 몸에서는 소여물 냄새와 소나무 냄새가 났다.

밤이 깊어지면 송아지는 낯선 환경과 홀로 떨어진 두려움으로 얕은 울음을 울었다. 그럴 때마다 할아버지는 외양간으로 난 작은 문을 열고 무서움 많은 어린 아이에게 말을 하듯 괜찮다고 말을 하시곤 했다.

송아지는 탈 없이 잘 자랐고 햇살이 따스한 어느 날 장정 서넛이 외양간 앞에 모였다. 낯선 사람들을 보자 송아지는 불안함으로 허둥댔다. 할아버지는 외양간으로 난 문을 열고 다정한 목소리로 송아지를 안심시켰다.

할아버지는 댓돌위에 있는 하얀 고무신을 신고 외양간 앞으로 돌아 나왔다. '고생하지 않게 잘 좀 해줘' 란 말을 덧붙였다. 장정들이 굵은 장작을 깔고 앉아 동동주를 마시는 사이 할아버지는 헛간으로 들어가 지난겨울 준비해 두었던 코뚜레 나무를 찾아 낫으로 뾰족하게 끝을 깎았다.

할아버지가 외양간에서 송아지의 목과 볼을 쓰다듬고 긁어주며 마당으로 데리고 나오자 장정들은 튼실한 감나무 가지 사이에 송아지의 목을 넣고 고삐로 꼼짝 못하게 묶었다. 이윽고 코의 양쪽을 엄지와 검지로 잡아 방향을 가늠하더니 뾰족한 코뚜레나무로 순식간에 코를 뚫어버렸다. 송아지는 불 맞은 것처럼 뛰었고 코에선 붉은 피가 뚝뚝 떨어졌다. 송아지는 평생 동안 짊어지고 가야할 운명을 예감이라도 하는 듯 코뚜레 사이로 흐르는 피를 혀로 연신 핥으며 낮고 슬픈 소리를 냈다.

그날 저녁, 할아버지는 옥수숫대와 콩을 듬뿍 넣어 쇠죽을 끓였다. 녀석은 뚫린 코가 아프고 코뚜레가 불편하고 생경한지 오랫동안 고갯짓을 하다가 밤이 이슥해져서야 식어버린 쇠죽을 먹었다.

상처가 아물고 나자 새 줄로 코뚜레와 목을 연결하여 단단히 묶고 붉은 색 천을 뿔과 뿔 사이에 모양 좋게 달아주었다. 목에는 요령(방울)을 달아 녀석이 고개 짓을 할 때 마다 맑고 아름다운 소리가 났다. 깊은 밤, 뒷산에서 부엉이가 울고 한지 문살 사이로 희미한 달빛이 스며들 때면 방울소리를 들으며 잠이 들었다.

뿔과 뿔 사이에 달린 붉은색이 바라져 갈수록 송아지는 당당한 암소로 변해갔고, 멍에를 지고 밭을 가는 일도 익숙하게 해냈다.

늘 할아버지와 함께하던 소가농사일이 많은 여름에 내 차지가 되었다. 찌는 듯 더운 오후가 되면 엉덩짝에 통통하게 살이 오른 소를 몰고 풀을 먹이러 다녔다.

해가 뉘엿뉘엿해지고 어둑한 언덕길을 내려오는 일이 좋았다. 수 십 마리의 소가 뒤섞여 내는 쇠방울 소리와 아이들의 해맑은 웃음소리와 뒤섞여 어둑해져가는 마을의 해질 무렵을 동화처럼 아름답게 만들었다.

해가 두어 번 바뀌고 봄이 되었고 수송아지를 낳았다. 송아지는 어미 소가 우리 집에 처음 올 때만큼의 크기가 되자 할아버지를 따라 면사무소가 있는 오일장으로 갔다. 그날 할아버지는 해가 저물도록 돌아오시지 않으셨다. 밤이 이슥해서야 불콰하게 술이 오른 할아버지께서 내가 좋아하는 꽁치와 말린 노가리를 누런 종이에 싸가지 오셨다. 말하지 않아도 그것이 무엇을 의미하는지 나는 알 수 있었다.

그리고 두 번째 암송아지를 낳았다. 녀석이 코뚜레를 할 때까지 할아버지와 함께 장에 가는 일 따위는 없었다. 또 낯선 사람들이 와서 송아지의 요모조모를 살피고 가는 일도 없었다. 그러나 바람이 몹시도 불던 어느 겨울날, 흰 입김을 풀풀 날리며 그 놈도 어미 소와 함께 남의 집으로 팔려가고 말았다. 고모의 결혼을 얼마 두지 않을 때였다.

소를 판 할아버지의 낙담은 대단한 것이었다. 애지중지하던 외동딸과 소를 함께 떠나보낸 할아버지는 한동안 거의 두문불출을 하셨다. 상심의 시간을 보내던 할아버지는 어느 이른 새벽, 오일장이 열리는 읍내로 가셨다. 해 거름이 되자 한쪽 뿔이 부러지고 삐쩍 마른 늙은 암소 한 마리를 사 오셨다. 쟁기질도 못할 만큼 마르고 힘없어 보이는 소였다.

그러나 늙은 소에 대해 할아버지의 기대는 대단한 것이었다. 곧 쓰러질지도 모를 만큼 힘없고 위태위태한 소로 보였지만 할아버지의 생각은 달랐던 모양이다. 할아버지는 틈틈이 소의 입을 벌리고 이빨을 살피시곤 짐작이 틀림없다는 것을 확인이라도 하는 듯 '암, 아암' 하고 혼잣말을 하셨다.

팔려 가버린 소의 이야기는 입 밖에 내지 않았다. 가끔 곰방대에 담배가루를 재고 불을 붙이며 새로 사 온 소를 바라보시던 할아버지의 촉촉한 눈빛을 몰래 바라볼 뿐이었다. 말하지 않아도 떠나가 버린 소를 생각한다는 것을 짐작을 할 수 있었다. 육척장신 할아버지가 슬픔에 잠긴 뒷모습을 보일 때면 굽은 등이 더 구부러져 보였다.

시간이 약이었던 건지, 새로 사온 늙은 소가 살을 조금씩 붙여가면서 할아버지의 굽은 뒷모습을 보는 횟수도 줄어들었다. 봄과 여름이 지나자 새로 산 늙은 소는 믿을 수 없을 정도로 건강해지고 통통해졌다. 그리고 이듬해 송아지를 낳자 할아버지의 눈에 이슬이 맺혔다. 누구도 그 늙은 소가 새끼를 낳을 것이라는 예상하지 못했다. 우시장으로 끌고 나온 전주인조차도 그런 건 생각하지도 말라는 듯 헐값에 팔았기 때문이다.

송아지가 자라 코뚜레를 하고 막 들일을 배울 즈음 할아버지는 외양간 여물통 옆에서 주무시는 듯 세상을 떠나셨다.

작은 소는 건너 마을로 보냈고 어미 소는 우시장으로 보내기로 했다. 겨우 새벽 여물을 먹은 소는 아침 내내 외양간을 떠나지 않으려 해 마음을 아프게 했다. 실랑이 끝에 저도 어쩔 수 없다는 것을 알았던지 슬픈 울음을 남기며 터벅터벅 끌려가듯 갔다. 건너 편 갱분을 걸어가면서도 긴 울음을 흘리며 뒤돌아보는 소의 모습에서 할아버지의 뒷모습이 겹쳐져 외양간 기둥 뒤에 숨어

어깨를 들썩이며 서럽게 울었다.

해마다 겨울이 오고 굴뚝에서 연기가 피어오르면 유독 할아버지가 그립고 우리 집을 떠나간 소들이 생각나고는 한다.

오늘 밤, 청아한 방울 소리를 앞세우고 할아버지와 소들을 꿈속에서라도 볼 수 있었으면 좋겠다.

해바라기 씨앗

아내가 시장에서 해바라기 씨앗을 사다 프라이팬에 볶아놓았다. 어제 텔레비전에서 각종씨앗은 우리 몸에 아주 유익한 것이라는 방송을 본 영향이지 싶다. 얼핏 생각해봐도 생명의 원천인 씨앗의 효능은 상당할 것으로 짐작된다.

일남 육녀의 장남으로 태어난 아버지는 농사일을 모르셨다. 손이 귀한 집안의 대를 이을 아들이었고 장손이었으며 할아버지 다음으로 서열이 높은 사람이었다. 거기에다 서당에서 한학을 수학하였기에 힘든 농사일을 할 기회가 없었다. 설령 그런 상황이 생겼다 하더라도 누구도 감히 일을 시키지 못할 만큼 집안에서 아버지의 위치는 대단한 것이기도 했다.

제법 많은 농토를 가진 집안의 맏이였음에도 아버지는 농사일은 남의 일로 알고 살았던 것이다. 그런 아버지가 결혼을 하고 자식들이 태어나자 생활은 점점 어려워졌다. 여러 가지 악재가 겹치면서 가세가 점점 기울어져 결국은 고향을 등지고 부산으로 이주를 하게 되었다. 고생을 모르시던 아버지는 한 집안의 가장으로서 혹독한 시련의 시기가 시작되었다.

네 아이의 학비와 생활비가 만만치 않아 생활은 점점 어렵게 되었다. 궁여지책으로 세가 좀 더 싼, 변두리의 허름한 단칸방 슬레이트집으로 이사를 하게 되었고, 집 앞에 있는 빈터에 처음으로 텃밭 만들기를 하면서 아버지는 손에 흙을 묻히게 되었다. 연립주택, 열다섯 가구가 공동으로 쓰는 화장실 옆 빈터가 아버지의 밭이었다. 아이들의 놀이터이기도 했던 그 유휴지는 저녁이면 가로등이 없어 어두컴컴했으며 가끔씩 불량한 아이들이 모여 노는 은밀한 곳이 되기도 했다.

흙은 얼마나 오랜 시간동안 사람들의 발에 다져졌는지 돌처럼 단단히 굳어 있었다. 아버지는 무엇으로도 팔 수 없을 것 같던 땅을 곡괭이 하나로 파기 시작했다. 손에 물집이 잡히는 것도 감내하며 며칠 동안 단단한 흙과 씨름을 하여 보드라운 흙으로 만들었다.

화장실이 꽉 차면 비워내는 요금문제로 늘 시비가 끊이지 않던 인분이 아버지의 텃밭에 거름이 되었다. 열다섯 가구가 두어 달마다 겪던 인분 수거료 문제를 일순간에 해결하였으니 이웃들은 아버지의 텃밭 만들기를 두 손 들어 환영했다. 아버지는 틈이 날 때마다 인분을 퍼내어 거름기라고 없던 마른 흙에 붓고 그 위에 다시 흙을 덮어 삭혔다. 그러나 졸지에 놀이터를 잃어버리게 된 조무래기들의 불만은 이만저만이 아니었다. 아이들이 들어가는 걸 막으시려고 사방으로 쳐 놓은 줄을 무시하고, 밑으로 몰래 기어들어가서 놀려다가 거름 밭에 발이 빠져 기겁을 하고 물러나고는 했다. 옷과 신발을 버리니 부모님에게 야단을 맞는 것은 물론이고 며칠간 몸에서 가시지 않는 고약한 냄새 때문에 아이들은 어쩔 수 없이 하나 둘 놀이터를 포기하게 되었다.

이듬해 봄이 되자 인분은 삭아 거름이 되었다. 아버지는 볕 좋은 날, 흙을 뒤집고 흙을 잘게 부순 다음 쑥갓, 상치, 완두콩, 옥수수, 감자를 적당한 시간차를 두고 씨앗을 뿌리고 심으셨다. 제일 마지막 아버지가 심은 것은 텃밭의 둘레를 따라 길게 심은 해바라기였다. 농사경험이 없는 아버지는, 시골에서 곁눈으로 본 기억과 경험이 있는 이웃 노인에게 물어가며 심은 것들을 정성을 들여 가꾸었다.

솜씨가 좋았던지 아니면 아버지의 정성 때문이었는지 농사는 풍년이었다. 신선한 푸성귀는 경제적으로 어려웠던 찬값에 큰 보탬이 되었다. 또 우리가족이 먹고도 남는 수확물들은 이웃에 나누어 줄 수 있어 이래저래 아버지의 농사는 남는 장사였다. 덕분에 비록 가난한 살림이었지만 작은 것이나마 서로 주고받을 수 있어 이웃

끼리 도타운 정을 만들 수 있었다.

여름이 되자 울타리 경계선을 따라 심어놓았던 아버지의 해바라기가 하루가 다르게 쑥쑥 자랐다. 오래 묵힌 거름 때문이었는지 해바라기는 마치 도래솔처럼 크게 되었다. 둥글고 노란 꽃은 여름 내내 오가는 사람들의 눈을 즐겁게 해주었다. 가을이 되어 꽃잎이 떨어지자 총총히 박힌 까만 씨들이 얼굴을 내밀었다.

어느 날 학교를 마치고 돌아오니 아버지가 해바라기를 자르러 나가신다기에 나는 가방을 마루에 던져두고 아버지를 따라 나섰다. 키가 껑충한 해바라기의 씨앗을 어찌 해 보려고 까치발을 하고 용을 써 보았지만 해바라기는 내 키 보다 너무 높았다. 아버지는 그런 나를 흐뭇하게 바라보시다 해바라기 대를 낫으로 쓱쓱 잘라 하나씩 바닥에 내려 놓으셨다.

수확한 해바라기 씨를 터니 족히 너 댓 말이 되었다. 햇볕에 고루 말려진 해바라기 씨를 프라이팬에 볶아 먹었다. 앞니 가운데 해바라기 씨를 넣고 적당한 힘을 가해 껍질이 양쪽으로 갈라지게 하면 알맹이가 나왔다. 그것을 한줌씩 모아서 먹곤 했는데 까는 노력에 비해 고소한 맛은 너무나 짧은 아쉬움이었다.

지금은 시장 어느 곳에 가더라도 수입산 씨앗들이 진열장에 가득하고, 껍질을 벗겨 놓아 바로 먹을 수 있는 해바라기 씨앗을 손쉽게 살 수 있다. 그러나 지금껏 나는 아버지가 심으셨던 해바라기만큼 키 큰 해바라기도 그것처럼 맛나던 해바라기 씨도 보지 못했다.

아내가 볶아놓은 해바라기 씨앗을 보니 삼십 년도 훌쩍 더 지난 그 일이 나에게는 어제 일처럼 선명하게 떠오른다. 열다섯 가구가 옹기종기 모여 살던 그곳과 텃밭은 없어진지 오래고, 고인이 되어 버린 아버지도 다시는 뵐 수는 없지만, 해바라기 씨앗을 먹으며 아버지를 그리워한다.

행복의 조건

오해, 편견, 시기, 질투는 마음에서 시작되는 오류들이다. 요놈들의 본성은 부정적인 마음들이라 스트레스를 만들고, 끝내는 몸으로까지 전이시켜 피해를 준다. 본시 마음과 몸은 이체일심이라 할 만큼 다른 것이면서도 상당히 밀접한 관계로 엮여있다. 형상이 있고 없다는 차이는 있지만 말이다.

의학용어에서 플라시보 효과라는 것이 있다. 가짜 약을 주면서 진짜약이라는 믿음을 갖게 만들면 몸이 좋은 쪽으로 반응하고 진짜 약과 동일한 효과를 본다는 것이다. 재미있는 현상이 아닐 수 없는데, 이것과는 반대로 노시보 효과란 것도 있다. 이것은 의사가 적절한 약을 처방했다하더라도 환자가 그 효능을 믿지 않을 경우 효과를 보기 어렵다는 것이다. 이런 경우를 본다면 완전하지는 않지만 마음과 몸은 어느 정도 상관관계가 있을 것 같고, 나아가 마음이 어느 정도의 몸을 조절할 수 있다는 이야기가 아닌가 싶다.

'마음으로 간절히 원하면 이루어진다.' 는 말이 있다. '지성이면 감천이라' 는 말과 같은 뜻인데, 정성을 다하여 치성을 드리면 하늘도 감동하여 천지신명이 도움을 준다는 말이다. 하지만 가만히 의미를 곱씹어 보면 간절히 원하면 이루어 질 수도 있는 일도 있겠으나 이룰 수 없는 일도 존재한다. 더욱 분명한 것은 아무리 치성을 드려도 이루어질 수 없는 일이 거의 대부분이라는 사실은 아이러니가 아닐 수 없다.

물질이 풍요하면 행복할 것 같지만 반드시 그렇지만은 않은 것 같다. 오히려 문명의 혜택을 적게 받은 나라에서 행복지수가 높은 것을 보면 말이다. 지구상의 최대 빈국 중에 하나인 부탄이라는 나라가 있다. 인도와 네팔 사이에 있으며 히말라야 산기슭에 자리한 인구 65만 명의 작은 나라다. 연간 소득은 겨우 우리의 한 달 월급도 되지 않는 110만 원인 최빈국이다. 그런데 이 나라 사람들이 느끼는 행복지수는 놀랍게도 세계에서 8번째라는 것이다.

무엇이 그들의 삶을 행복하게 만들어 주는 것일까. 경제력, 생산력, 지적수준, 인구, 연간소득 등 거의 모든 면의 물질적 풍요는 우리나라와 비교조차 되지 않는데 행복지수는 우리와 비교되지 않을 만큼 높다. 우리나라 사람들이 느끼는 행복 도는 세계 102위이고, 덴마크가 1위 스위스가 2위이며, 모두가 잘 아는 부국 미국은 23위에 지나지 않는다. 물질적인 혜택이 아주 부족한 곳에 사는 사람들이 더 행복하다 느끼는 것은 무엇 때문일까. 다소 육체적인 고단함이 있더라도 자연과 함께 사람답게 살고 있다는 것과 하고 싶은 것을 하고 살 수 있다는 것이 아닐까 싶다.

부탄의 경우를 보더라도 육체적인 안락이나 금전적인 풍요가 반드시 행복과 비례하지 않는다는 것을 알 수 있다. 운전을 하고 가다 우연히 라디오에서 들은 이야기인데 대략의 줄거리는 이러하다.

잘 되는 회사를 친구에게 물려주고 울릉도에 들어가서 농사를 짓는다는 사람이었다. 세속적인 기준으로 봐서는 성공의 범주에 든 사람이었으며, 탄탄한 재력으로 앞으로의 인생을 즐기며 향유할 수 있는 조건이었는데도 불구하고 도시를 떠났다. '왜 좋은 조건을 버리고 그곳에 가서 농사를 지으려 하느냐.' 는 지인들의 말에 그는 이렇게 말했다. '나는 벌만큼 벌었으니 이제 돈을 벌다가 죽고 싶지 않다.' 라고 말했다.

이 사람이 원했던 것은 무엇이며, 질문한 사람들이 원했던 것은 무엇일까. 아마도 모르긴 해도 두 부류가 다 편안하고 안락한 생활이 아니었을까. 이 사람의 행복은 시골에서 농사를 손수 지으며 흙냄새를 맡는 것이 행복이라 생각한 것이고, 친구나 지인들은 물질적인 풍요와 명예가 행복에 가깝다 생각했을 것이다. 비록 추구하는 방식은 다르나 한적한 시골에서 흙을 만지고 농사를 짓는 것이나 대다수의 사람들이 믿는 행복의 조건인 세속적인 성공과 금전을 바라는 것이나 같은 것일 수 있다. 다만, 행복의 기준이 달랐을 뿐인데 누가 더 행복하다 할 수는 없을 것이지만 자연에서 찾는 방법이 좀 더 순리적인 것이 아닐까 싶다.

행복은 물질적인 가치가 바탕이 되는 것도 세속적인 명예로 얻어지는 것도 아니다 싶다. 떠나고 싶은 곳으로 떠나는 용기와 하고 싶은 것을 위해 세속적인 성공과 안락의 길을 버리고 떠나는 용기가 한없이 부럽기만 하다.

버릴 줄 아는 용기가 행복을 만들 수 있다면 다 버려도 좋을 것 같다. 심신의 안락과 행복은 물질과는 다를 수 있다는 명제 하나를 배운 셈이다.

흐르는 강물처럼

전화소리에 잠을 깼다. 날은 밝았지만 일어나기에는 이른 시간, 옆에 자고 있는 아들 녀석을 보니 얼굴이 핼쑥해 보인다. 그때서야 어제 저녁 아내로부터 아들이 감기에 걸렸다는 말을 들었던 기억을 떠올렸다. 몸을 돌려 끌어안으니 깊은 잠은 들지 않았던지 힘없는 눈을 하고도 나를 향해 웃어준다. 순간 아들의 눈빛에서 아버지를 떠 올렸다.

아버지는 1남 6녀의 첫째로 태어났다. 아들에 대한 집착이 유난하셨던 할아버지의 영향으로 칠남매의 자식을 두었다. 아버지를 제외한 나머지는 모두가 딸이어서 할아버지의 상심이 이만저만이 아니었다. 아들만이 세상의 모두라 느꼈던 시대에 할아버지의 아들욕심은 신앙과 다름없는 것이었다.

부러울 것이 별로 없는 집안의 귀한 장손으로 자란다는 건 한두 가지의 결점을 가지기는 쉬웠을 것이다. 별 부족한 것도 없고 두려운 것 없이 성장하다보니 때로는 평범을 벗어난 성격도 있었다. 육식을 즐겼던 아버지는 고기가 없으면 식사를 하지 않았다. 고기가 없는 밥상은 밥상이 아니었고, 한 번 물린 상은 기어코 새로운 것으로 차려야만 수저를 들었다. 불같은 성미는 가끔 십리 장터까지 가서 육고기를 사와야 해결되었는데, 아들최고병과 장손우대 풍습이 만든 악습의 힘은 실로 대단한 것이었던 모양이다.

그러한 행동에도 불구하고 다행히 한학에는 재능이 있었던 모양이다. 증조부님 슬하에서 여러 학동들과 한학을 배웠는데 나이 많은 동문들과 곧잘 비교되면서 재미를 붙여갔다. 가끔은 나이 많은 학동들의 질시의 대상이 되기도 하면서 말이다.

신문물이 밀려오면서 세상은 급속히 바뀌어갔다. 서당공부에만 매달릴 수 없어서 신식초등학교를 졸업하고 중학교에 진학을 하였다. 그러나 이념의 문제가 심각하던 때여서 좌익들의 집요한 포섭을 피해 도망 다니기 바빴다. 그들로서는 영향력 있는 인물이 꼭 필요했던 모양인데, 나중에는 학교에까지 찾아와 괴롭히는 그들 때문에 학교를 그만 둘 수밖에 없었다.

세월이 흘러 아버지도 가장이 되었다. 3남 1녀를 거두기가 만만찮은 상황이었다. 손마디가 굵어지고 입에선 단내가 나도록 일을 하였지만 현실은 그리 녹록한 상황이 되지 못했다. 어느 해인가는 회사건물을 새로 짓는 바람에 한시적 휴직을 하게 되자 2년 간 막노동을 하기도 하였으니 말이다.

할아버지가 그러셨던 것처럼 아버지도 교육에 대한 희망을 가지고 있었던 것 같다. 인간의 도리를 지키려면 배움이 있어야 한다며 때를 늦추어 주었어도 월사금은 잊지 않고 챙겨 주셨다. 끼니를 챙기기 어려운 형편에서도 공부를 할 수 있는 최소한의 여건은 주어졌던 셈인데, 우리에게는 다행이었지만 그 혹독한 대가는 부모님이 고스란히 짊어져야 했다. 두 분의 초인적인 인내와 희생이 없었다면 사람구실이나 제대로 할 수 있었을지 모르겠다.

아버지는 선이 굵은 사람이셨다. 동시대의 분들이 그랬던 것처럼 표정을 엄히 하셨고 평생을 직접적인 감정표현을 자제하였던 분이기도 했다. 좋은 일에 있어서도 그 기쁨을 표현하는 일에 인색하였고, 슬픈 일에도 그 강도를 반으로 줄였다.

암으로 십 년이라는 세월을 버티면서도 나약한 모습이나 걱정스런 모습을 보이지 않았다. 간간이 옛날이야기를 하면서 당신스스로 할아버지께 좀 더 효자가 되지 못한 것을 애석해 하셨다. 그것 때문이었을까. 할아버지 기일이면 간간이 눈물을 보이기도 하셨다. 아마도 당신께서 자식들을 어렵게 키우시면서 생각이 더 간절해졌던 것 같다.

겨울이 깊어지면서 아버지는 입원과 퇴원이 되풀이되었다. 약을 바꿔가며 썼지만 내성이 생겨 효과가 점점 떨어지고 있었다.

어떤 약도 기능을 제대로 다하지 못할 즈음 우리 형제들은 차례로 병원에서 밤을 새우고 있었다. 아기자기한 구석이 없는 아버지였지만 핏기를 잃어가면서도 당신의 몸보다 자식들에게 짐만 된다며 걱정을 하셨다. 당연히 받아야할 일들을 걱정하는 아버지가 우리들의 마음도 몰라주는가 싶어 내심 서운한 마음이 일기도 했다. 비바람이 몰아치던 어느 봄날 아버지는 먼 길을 떠나셨다.

생로병사의 굴레에 묶인 사람은 슬프다. 뉘라서 오고가는 것을 멈출 수 있으며 벗어날 수 있겠는가. 흐르는 강물처럼 그렇게 흘러갈 수밖에 없다.

나를 존재하게 하는 것들

가운데의 비애

나는 번잡스런 아이였다.

눈에 보이는 곳은 우리 집 남의 집 할 것 없이 분탕질을 해대는 보통 개구쟁이가 아니었다. 책상 위에 올라가 깨끗하게 빨아 얌전히 덧씌워 놓은 책상보에 잉크를 쏟아버리는 일쯤은 식은 죽 먹기였다. 그러던 내가 초등학생이 되면서 일찍 철이 든 것인지 말썽부리는 일이 없어지고 오히려 조용하여 있는 듯 없는 듯한 아이로 변했다.

할아버지 제삿날이면 모이는 여섯 분의 고모님들은 '어렸을 때 얼마나 별났던지 잠시도 가만히 있는 걸 못 봤던 네가 어쩜 이렇게 얌전한 아이가 되었을까?' 라며 놀리시고는 했다.

초등학교 고학년이 되면서부터는 부끄럼 많고 더욱 말수가 적은 아이로 변해갔다. 체격도 작은 편이어서 막내 동생과는 같은 무늬와 색깔의 옷을 크기만 달리해서 입었다. 누구나 귀엽다고 볼 살을 당겨 보고 가는 동생과는 달리 나는 자주 주워 온 아이라는 놀림을 받곤 했다.

그런 말과 소외감이 알게 모르게 영양을 끼친 때문이었는지 웬만한 일이면 남의 손을 빌리거나 도움을 받기 보다는 혼자서 결정하고 처리하는 일이 많아졌다. 혼자 다니기와 생각하기를 좋아해서 사색에 잠기는 일이 잦았다. 아마도 타인의 관심과 시선을 크게 많이 받지 못하다보니 그렇지 않았나 싶다.

여러 사람들과 어울리는 것을 싫어한다거나 기피하는 것은 아니었다. 가끔은 혼자만의 공간과 시간이 필요했던 것일 뿐이었다. 그것의 바탕에는 부모님으로부터의 내리사랑이 영향을 끼친 것 같다. 부모님의 사랑을 받은 것은 사실이지만 다른 형제들에 비해 많이 인정받지 못했다는 상대적인 사랑의 빈곤이 있었지 싶다.

그건 첫째를 각별히 여기고 막내는 품안으로 감싸는 우리의 풍습과도 상관이 있었다. 농경 사회에서 첫째는 집안의 기둥이었으며 일손이 바쁠 때에는 올망졸망한 동생들을 돌 볼 수 있어야 했다. 또 집안일을 도울 일꾼의 성격이 짙은 동시에 나이 들어서는 부모님들이 몸을 의탁할 가장이었다. 맏이는 부모님 유고시에 부모님을 대신하여 동생들을 잘 보살펴야할 책임이 따르는 대신 부정적으로는 무소불위의 권력을 동생들에게 부릴 수 있는 자리였다.

첫째의 막강한 힘에 비해 막내는 어리다는 것만으로 사랑을 많이 받는다. 나 역시 자식을 키우는 나이가 되고 보니 어린 것은 애틋해서 사랑이 더 가는 것 같다. 어린 것의 어눌함, 분별력 없음이 보호 본능을 자극하여 싸고돌게 되니 말이다.

우리 집은 말수가 적은 집안이었다. 그래서 다른 집 아이들처럼 떼를 쓰며 뒹구는 일도 없었고 말썽을 피우는 아이를 달래는 따위도 없었다. 유교적인 습성이 몸에 밴 아버지와는 달리 어머니는 좀 나은 편이었으나 동네의 다른 부모님들에 비해서 아버지나 어머니의 품에서 알짱거릴 기회는 아주 적었다. 헌신적인 뒷바라지나 사랑은 있었어도 직접적인 표현하는 데는 한계가 있었다는 것이다.

내가 다른 형제보다 부모님의 사랑을 가장 많이 받았을 때는 아이러니하게도 몇 년간 생사의 갈림길에 있던 아픈 때였다. 불행 중 다행이라는 말을 여기에 대입하면 맞을 것 같다.

집안에서 서열은 당연한 묵계다. 형 또는 누나와 다툼이 있으면 가장 많이 혼나는 사람은 나였다. 이유는 버릇없이 명확한 서열을 어기고 대들었다는 것이다. 그것은 누구의 잘잘못을 초월하는 상위 개념이었는데, 설령 대든 이유가 타당했다 하더라도 결과는 대동소이했을 것이다.

그뿐 아니라, 동생과 다툼이 있는 날도 거의 마찬가지의 결과였다. 대개 시비의 발단은 동생이 억지를 부리는 일이 원인이었는데도 불구하고 형이 되어서 동생을 잘 보살피지 못한다고 야단을 맞았다. 별 다른 오락 없이 복작거리는 형제들과 뒤섞여 있다 보면 다툼이 자주 일어났으니 예방적인 차원에서 부모님들이 그렇게 하였는지도 모르겠다.

특별히 잘난 게 없는 아이였던 나는 형처럼 손재주가 좋아 장롱에 달린 놋쇠 못을 몰래 빼내서 화약총을 만들어 놀만큼 배짱도 가지지 못했다. 동생처럼 양 볼이 사탕을 넣은 것처럼 볼록하고 귀엽게 생기지도 못했으며, 눈치라도 빨라야 했는데 나이 차가 나는 동생보다도 못해 번번이 떡 먹을 기회를 잃어버리곤 했다.

음식이 귀한 시절에 작은 할아버지는 잔치집이나 제사 혹은 초상집에 갔다 오시는 일이 잦았다. 그럴 때면 마을이 보이는 갱분 쯤에서 신호를 주셨는데 나는 아무것도 모르고 눈만 껌뻑껌뻑했고, 동생은 눈치가 빨라서 잽싸게 할아버지에게 달려 가곤했다. 그러다보니 나는 언제나 뒤 차례였고 그일이 잦아지자 언제부턴가는 나에게 당연한 일처럼 되어버렸다. 공부라도 잘 했으면 부모님의 사랑을 듬뿍 받았을지 모르겠다. 시골 초등학교에서 겨우 중간 정도의 성적이었으니 애초에 공부로도 부모님을 기쁘게 해드릴 수도 없었다.

환경적으로 유교 색채가 다분하여 애정표현에 인색했던 우리 부모님과는 다른 시대에 살고 있는 요즘 아이들은 부모의 사랑을 참 많이 받는 것 같다. 넷 아니면 다섯이나 되는 아이들을 간수하던 때와는 달리 하나 아니면 둘이니 애지중지 할 수밖에 없지 싶다. 첫째와 막내라는 개념으로 사랑을 받으니 말이다.

밤송이 안에는 세 개의 밤이 들어있다. 토양이나 환경 그리고 종자의 차이로 크기의 차이는 있을지라도 양쪽에 있는 두개의 밤 모양이 같다. 그러나 중간 것의 모양은 양쪽의 두 개와 다르다. 양쪽에서 밀어붙이니 다를 수밖에 없다.

나는 머리가 클 때까지 나만 그런 피해의식이 있는 줄 알았다. 그런데 알고 보니 거의 대다수의 가운데 혹은 둘째가 그런 생각을 하고 있다는 것을 알았다. 그래서 둘째 중에는 자수성가 하는 사람이 많은지도 모르겠다. 그것은 둘째 혹은 가운데에게 주는 우리 사회의 정형화된 틀이 있다는 것이고, 틀을 깨고나와야만 비로소 성공할 수 있는 조건이 되는 것이 아닌가 싶다. 병아리가 껍질을 깨고 나와야 새로운 세계에서 살아남을 수 있듯이 말이다.

모두가 그렇지는 않겠지만, 가운데의 비애는 홀로서기를 해야만 한다는 태생적 한계가 있다. 미운 오리새끼가 백조가 되는 것처럼 나도 이제 백조가 되고 싶은 꿈을 꾼다. 나의 가운데 콤플렉스를 벗어나기 위해서도 말이다.

꼴값

나의 생각이 저속한 것인지 아니면 단어를 구사하는 능력이나 생각하는 능력이 부족한 것인지 '꼴' 하면 제일 먼저 생각나는 단어는 '꼴값' 이다.

'어물전 망신은 꼴뚜기가 시킨다.' 는 말이 있는 것을 보면 우리는 고래로 체면과 망신에 대해 민감했지 싶다. 그렇지만 나는 어물전 망신이라는 게 무엇인지도 모르겠고 또 내가 알기로는 어물전에 꼴뚜기가 있어서 망신을 산적도 없는 것 같다. 이 말은 꼴뚜기를 보통으로 책잡고 낮추어 보는 말이라는 생각이다. 꼴뚜기도 체면이 있을 것인데 말이다.

반대로 '썩어도 준치' 란 말이 있다. 이건 태생적 출신성분부터가 다르다는 이야기다. 그럼 준치는 성스런 귀족의 혈통을 타고났으며 꼴뚜기는 평민도 못 된다는 이야기로 되는 것이니 여간 차별이 아니다. 태생부터 차이가 아닌 차별을 받는다는 이야기 아니던가. 이건 또 잘나지 못한 사람에게 여간 슬픈 일이 아니다.

왜 꼴뚜기는 존재 자체가 망신이고 준치는 생긴 것만으로 좋은 대접을 받아야 할까. 준치는 고기가 맛나서 진어라고도 한다지만 그렇다고 존재만으로 우선을 주는 것은 온당치 못한 것이다. 낚시나 통발에 걸려 뭍으로 잡혀 나오면 성질 급한 준치는 퍼덕퍼덕 두어 번 벌떡거리다 잠잠해지고 만다. 거기에 비해 꼴뚜기는 며칠 정도는 너끈히 살 수 있으니 신선도와 인간의 식욕에 대한 충성도에서 준치와는 천양지차로 기여도가 높다.

우리는 인간이란 동물이고 우리가 인간인 이상 인본이 모든 것에 우선하고 척도가 되는 것이니 이제부터 '어물전 망신은 꼴뚜기가 시킨다' 는 말을 쓸 게 아니다. '어물전에서도 꼴뚜기는 아까워 버릴 것도 없다.' 하고 준치는 성질도 급한 놈이 먹을 것도 없는데 꼴값한다고 가시까지 많으니 '신 놈이 떫기까지 하다' 가 더 타당할 것 같다.

'시거든 떫지나 말라' 했다. 이 말은 '못난 놈이 하는 짓조차 마뜩찮을 때 하는 소리' 로 이중으로 부정적인 말이다. 반대로는 '생긴 것도 번듯한 데 하는 짓도 예쁘다' 는 중첩의 칭찬도 있다. 못난 것도 서러운데 생긴 것으로도 차별을 두니 나 같은 사람은 질시 같은 부러움을 가질 수밖에 없다.

사람이 잘나고 못 나고는 노력여하에 따라 선택일 수 있다. 배움을 게을리 하지 않고 꾸준히 노력하다보면 잘 난 사람이 될 확률이 상대적으로 높을 것이다. 그러나 태생적으로 잘 생기고 못 생기는 것은 선택이 아니다. 과학의 힘을 빌려 우화등선 하는 일도 있다지만 여기선 그런 방법을 제외하고 하는 말이다. 잘생기고 못 생기고는 선택이 아니라 타고난 운명이다.

잘 생기게 태어난 것도 선택일 수 없고 못생기게 태어난 것도 선택할 수 없는 것이니 운명이라 밖에 말할 수 없겠다. 외양이 우성인 두 인자가 부부로 만났다면 확률적으로 자식도 잘 생긴 아이가 태어 날 것이라는 예측은 가능하다.

준치로 태어나거나 꼴뚜기로 태어나는 것처럼 무엇으로 태어나느냐 하는 것은 나의 선택이 못 되듯 생김새는 역시 내가 선택한 것도 아니고 내가 선택할 수 있는 성질의 것도 아니었다. 넓게 보아 기능적인 문제만 없다면 눈 두 개, 입 하나, 코 하나로 충분히 만족하고 살 일인데 무엇 때문에 잘 생긴 것 못생긴 것을 일일이 구분하여 타박하여야 하는 것인지 모르겠다.

'굼벵이도 구르는 재주는 있다' 는 말은 하찮은 것도 제 살 방도를 가지고 한가지의 재주는 가지고 있다는 뜻일 게다. 그래서 '굼벵이가' 가 아니라 '굼벵이도' 가 성립 된다. 굼벵이란 존재가 아니라 하찮은 '굼벵이도' 가 되는 것이다. 속담에서 조차 하찮게만 보는 굼벵이는 결국 허물을 벗고 하늘을 나는 매미로 변하는 것이니 사람도 이와 같지 말라는 법은 없다. 그러므로 현시의 외양만으로 함부로 꼴값이라는 말을 쓸 일이 아니다.

대체로 꼴값은 생긴 것에 비해, 행동이나 능력이 모자라서 얻게 되는 통명이다. 가끔은 아니꼬운 행동이나 상대가 너무 잘나서 시기하는 말로도 쓰인다. 잘나지도 못한 사람이 그 보다도 더 데데한 짓을 하면 꼴값한다고도 하니 꼴값은 어떤 대상에 대한 외양과 행동의 상대적인 개념도 된다. 물론 반대급부로 '꼴값 했네' 는 어떤 일에 대하여 긍정적으로 성취를 말하기도 한다.

'꼴 값 한다.' 의 뉘앙스는 긍정보다는 부정적으로 말하는 쓰임이 더 많고, 잘난 것보다는 못난 짓을 했을 때 많이 듣는 말이다. 그러므로 꼴값한다는 소리를 듣는다는 것은 유쾌한 일이 아닐 것 같다. 잘난 사람에게 꼴값이란 말로 혀를 차면 기대치에 못 미친다는 뜻이다. 그리고 잘나지 못한 사람에게 꼴값이란 생긴 것도 그저 그런데 하는 짓도 그 이하라는 뜻이니 같은 말이라 해도 못난 사람에게는 더 가혹한 말이 된다.

비슷한 말로는 '생긴 대로 논다' 와 '끼리끼리 논다' 는 말도 있는데 누가 따뜻한 밥 먹고 꼴값이라는 말을 듣고 싶어 할까. 모르긴 해도 그런 소리를 듣고 싶어 하고 그 말을 좋아할 사람은 세상에 없을 것이다.

꼴값은 그 사람이 가진 얼굴이나 체면 인격 등의 값이다. 외양과 행동을 통칭하여하는 말이지만 좋지 않은 뜻으로 더 많이 쓰이는 현실이니 나는 긍정적으로 꼴값만이라도 하고 살아야지 싶다.

낯설미와 눈썰미

사물의 그림이 어렴풋이 남아있는 것이 잔상이다. 잔상은 전개되는 어떤 상황에 기억으로 남아 오랫동안 영향을 끼친다. 퇴근을 하고 텔레비전 앞에 앉았는데 마침 초등학교 동창을 찾는 프로그램이 방송되고 있었다. 출연자로는 청춘스타로 이름을 떨친 강모씨였는데 세월을 비켜갈 수 없었던지 그도 이제는 중년의 모습으로 보였다.

그런데 여든을 넘어 아흔을 바라보는 장모님은 잘생긴 그 사람만 나오면 막내사위가 생각난다고 말씀하시고는 하셨다. 당신의 눈에는 큰 사위와 거의 30년의 차이가 나는 막내사위가 좋게만 보여 그러시는 모양이다. 남들이 들으면 고개를 갸웃할 일이지 싶은데 당신께서는 여전히 주장을 굽히지 않으신다. 나 역시 혹시나 내가 몰랐던 닮은 곳이 있나 하고 유심히 살펴보지만 도무지 닮은꼴로는 보기 어려운 한계가 있다. 꼿꼿하기가 대쪽 같고 명쾌하기가 이를 데 없는 장모님이 나 듣기 좋으라고 거짓말 할리는 절대 없다. 아마도 과거에 장모님이 보았던 어떤 이미지가 겹쳐져서 잘생긴 그 양반과 나를 동일시하는 것이 아닐까 추측할 뿐이다.

내 주위 사람들은 한 번 만난 사람들의 얼굴을 잘 구분해 내는 재주를 가졌다. 우연한 기회로 스쳐지나갔던 얼굴이었더라도 거의 정확하게 짐작해내는 것을 보면 신기하다. 그러나 나는 한번 만난 상대를 기억하라는 것은 굉장히 어려운 문제다. 선천적으로 눈썰미가 없기도 하거니와 관심이 부족하여 여러 번을 만나야 겨우 알아볼 뿐이다.

사람을 한 번 보고는 특징이 아주 뚜렷하지 않으면 기억을 해내기 어려운 사람이 나다. 어찌 보면 사람이 좀 모자라는 것으로 인식이 될 소지가 있지만 다행히 바보는 아니어서 아직 큰 결례를 한 적은 별로 없다.

아무래도 난 이성적 식별과는 거리가 좀 있는 사람인 모양이다. 사람을 느낌만으로 기억하려는 습성이 강해서 면식 있는 사람을 구별해 내기가 여간 힘든 게 아니다. 그렇다고 스무고개 하듯 상대에게 따지듯 물어서 판별할 수는 없는 것이니 문제라면 문제가 되는 것이다.

삼십대 초반의 일이다. 일 년에 두 번 서울로 출장을 가는 일이 있었는데 새마을호 기차를 주로 이용하였다. 빠르기도 하거니와 침대칸도 있어서 저녁 늦게 올라갈 경우는 잠을 자며 갈 수도 있었다. 예나 지금이나 혼자 다니기를 좋아해서 그 날도 동행이 없이 혼자 자리를 잡았는데 출발하기에 직전에 여자 분이 옆자리에 앉는 것 같았다.

기차여행에는 옆자리에 누가 앉느냐에 따라 기분이 사뭇 달라진다. 죽이 맞는 동성과 동석하면 웃음이 끊이지 않고 시간도 바삐 지나가 몇 시간의 인연이고 동행이라도 헤어지는 것이 아쉬울 정도다. 그러나 비슷한 연배의 이성이 옆에 앉았다면 사뭇 달라진다. 행동이 조심스럽고 움직임에 신경 쓸 일이 한두 가지가 아니다. 이성이라 관심을 두기도 하겠지만 적어도 불편하게 하거나 공연히 오해를 받을만한 행동을 하지 말아야 한다는 생각 때문이다. 어쨌거나 그 날은 옆자리에 여자 손님이 앉게 되었고, 무료한 시간을 멀뚱멀뚱 보내다가 이야기가 오갔으며 서울 역에 도착했다. 문제는 여기서부터 시작되었다. 광장을 가로질러 바삐 걸어가는데 어떤 여자 분이 나를 아는 척 부르는 것이었다.

나도 모르게 누구세요? 하고 물었다. 나로서는 당연한 질문이었지만 그 여자는 일순 당황하더니 얼굴이 붉어졌다. 이상하다 싶어 전후를 따져본 결과 확실하지는 않았지만 너 댓 시간동안 바로 옆자리에서 이야기 주고받고 온 여자 분이었던 것 같았다. 아차! 싶어 정말 죄송하다며 사과를 했지만 이미 엎질러진 물이 되고 말았다.

같은 길을 가더라도 자동차를 타고 가는 것과 자전거로 가는 것은 차이가 많다. 단순히 속도의 차이만 있는 것이 아니다. 그 속도로 인해 볼 수 있는 가시적인 차이도 상당하기 때문이다. 그러고 보면 나의 면식 능력은 로켓이 달나라에 날아가는 시대에 자전거의 페달을 힘껏 밟아 날아가려 시도하는 것과 다를 바가 없어 보인다. 극과 극은 서로 통한다지만 사람얼굴을 구분하는 능력이 현저히 떨어지는 나의 경우는 눈썰미 좋은 사람들이 얼마나 부러운지 모른다.

일상적으로 만나는 사람들을 모두 기억한다는 것은 내게는 전인미답의 경지로 보인다. 나는 사람을 느낌으로 기억하고자 하는 마음이 강하다. 그래서 시각적인 것보다는 뇌리를 통해서 받아들이는 편이다. 보이는 것을 그대로 담기 보다는 그 사람의 말씨나 억양 자주 쓰는 단어 등으로 기억 저장하려한다. 눈썰미가 없어 화장이 바뀐 사람을 제대로 구분할 수 없더라도 그 목소리를 통하면 거의 기억해 낼 수 있다. 이것도 따지고 보면 탁월한 능력인데 사회생활에서는 접목이 어렵다. 전혀 쓰임이 없는 것은 아니나 지름길을 놔두고 둘러서 가는 것과 다를 바 없는 비효율적인 것으로 말이다.

이전의 만남을 기억해 내는 것은 아주 좋은 관계로 발전시키는 재능이다. 사람을 기억한다는 것만으로도 그 사람에게서 호의적인 반응을 얻을 수 있는 것이다. 그러나 반드시 좋은 것만이 아닐 것 같다. 의식적이든 무의식이든 간에 언젠가는 나에게 필요한 사람일거라는 본능적인 계산이 숨어 있는 것이 아닐까하는 싶은 것이다. 왜 그 사람이 반드시 필요하다 싶으면 잊어버리지 않고 기억해 두려는 무의식적인 행위 말이다.

내가 면식을 잘하지 못하는 이유 중에 하나는 부모님의 영향이다. 특히 아버지의 영향이 큰데 남의 얼굴을 빤히 쳐다보는 것은 큰 결례이고, 점잖지 못한 행동이라는 교육을 많이 받았기 때문이다. 그래서 남의 얼굴을 빤히 보는 것은 당돌한 사람으로 공연히 오해를 살 수 있다는 생각을 하기 때문이 아닐까 싶기도 하다.

텔레비전에서는 이전의 왕자에서 중년의 푸근한 모습으로 바뀐 강 모 씨의 친숙함이 제법 여유롭게 보인다. 저 얼굴 어디에서 나와 유사한 공통점이 있다는 것일까.

뇌물

막역한 친구가 전화를 했다. 뇌물로 받은 전복과 해산물이 있는데 주겠단다. 그건 뇌물이 아니냐. 뇌물은 먹으면 안된다고 했더니 단호하게 먹을 건지 말건지만 대답을 하란다. 그래서 공짜라면 양잿물도 먹는다 했으니 일단 먹겠다. 하고는 후환을 생각해 보았다.

뇌물을 받을 위치에 있는 사람은 꽤 괜찮은 직위나 위치에 있는 성공한 사람이다. 그러니 앞뒤를 꼼꼼히 재어 봐도 그가 나에게 청탁할 일이 없을 것 같았다. 내가 그에게 부탁을 한다면 몰라도 말이다. 뇌물은 무서운 것이라 공범의 위치를 가늠해 보았다. 만약 일이 잘못되어도 그가 주범이 될 것이고 나는 해산물 나부랭이나 얻어먹은 것이니 죄를 추궁 당한다 해도 미미한 일이 될 것이다.

만일에 일이 커질 경우, 모르고 먹었다고 발뺌하면 될 일이 아닌

가. 그럴 일도 없겠지만 설혹, 그 친구가 거액의 봉투를 받았다면 그렇게 공공연히 뇌물이라 떠들고 다니지는 않았을 것이다. 뇌물의 속성을 감안하여 생각하면 별 것이 아니라는 판단을 했다. 이것저것 다 따져 일이 어그러져서 친구가 수갑을 찰 경우가 있다하더라도 나의 죄도 혼자서 다 덮어쓸 친구라는 생각에 미치자 안심을 하게 되었다.

뇌물은, 비밀을 우선으로 비생산적 비양심적으로 행해지는 일이며, 그에 상응하는 어두운 대가가 반드시 따르게 되어있다. 도덕적 투명성과 법망을 피하는 것을 기본으로 삼는 편법이므로 원하던 만큼의 이익이 되지 않을 때에는 수단과 방법을 가리지 않고 본전을 찾으려 하는 속성을 가지고 있다.

역설적이게도 뇌물을 받을 수 있는 사람은 좋은 위치에 있는 사람이라는 생각이 들었다. 세상은 언제나 높은 곳을 만들고, 사람은 누구나 높은 직위와 안락한 자리에 찾기에 그것이 함정이 되고 고리가 되는 시초인 것이다. 뇌물은 권력과 금력이 만나 비양심의 부패를 만드는 것으로 능력이 있는 사람은 누구나 유혹의 대상이 된다.

나는 언제 뇌물을 받은 적이 있었던가. 아니면 뇌물을 받을 위치에 있었거나 지금의 위치가 받을 수 있는 위치인가를 생각하니 공연히 가소로운 웃음이 나왔다. 나는 과거에도 현재에도 돈이나 권력과는 무관한 일에 종사한다. 그러니 적어도 뇌물에 연루되어 사람들의 입에 오르내리는 일은 없을 것 같다. 아울러 대기업이나 큰 이권을 창출하는 높은 곳에 있지 않으니 뇌물을 받을 일도 없을 뿐만 아니라 내가 줄 일도 없다. 떡고물을 만질 기회가 원천적으로 차단되어 맨송맨송하게 산다는 것이다. 이것을 두고 행복하다고 해야 하는지 슬프다고 해야 하는 것인지는 잘 모르겠지만 주변머리 없는 사람은 틀림이 없다 싶다.

한때 내가 만나는 사람들의 직함으로 신분이 상승 될 것이라는 착각을 한 적이 있다. 사람의 직함이나 직업으로 귀천을 따져 차별하지는 않았어도 은연중에 그 사람과 동격이 된 듯한 착각 말이다.

부자 친구를 만나면 그 친구에게 기대고 싶은 마음이 일었으며, 평소에 만나기 힘든 맛나고 좋은 물건에 욕심을 내었다. 직급이 높은 친구를 만나면 마치 내가 그와 동격인 듯 행동을 한 적이 없다고는 말할 수 없다. 그들이 나의 지인이라는 것이 특권이나 되는 것처럼 여기고, 나를 특별한 사람으로 취급해 주기를 바랐을 것이다.

사람이 좀 부족하긴 하나 그것이 허황된 생각이라는 것을 깨우치는 데에는 그리 많은 시간이 필요치 않았다. 그것은 서로의 필요에 의해 만나게 되는 것이라는 것을 알았기 때문이다. 단순히 과시를 하기 위하였거나, 나의 친구를 소개시켜주기를 원했거나 이도저도 아니면 그냥 친구가 필요해서 만나는 것이었다. 좋은 친구가 될 수 있었다면 얼마나 좋았을까 싶지만 그랬을 것 같지는 않다.

그것은 마치 식사를 하기 전에 자극성이 있거나 당분이 많이 든 과자나 사탕을 먹으면 헛배가 부른 것과 다를 바가 없다. 먹지 않고도 배가 부른 듯한 증상인데, 당장은 배가 고픈 것을 모르지만 얼마 지나지 않아 허기가 올 것이기 때문이다. 껍데기에 혹해서 부하뇌동하면 겉모양은 번듯할 수 있을지는 모르나 알맹이는 부실할 수밖에 없는 것처럼 말이다.

뇌물은 허황한 꿈이다. 무모하기로는 로또 복권의 당첨확률에 승부수를 띄우는 것 못지않게 황당하기 이를 데 없는 모험이다. 정당한 거래를 방해할 뿐만 아니라 다른 사람의 땀과 노력의 결실을 빼앗는 강도 같은 행위다. 결국 주는 쪽이나 받는 쪽 모두를 나락으로 몰고 가는 좋지 않은 길이기도 하다.

뇌물의 고리는 돈과 물건이다. 돈은 순리를 뒤엎는 곳에 쓰이며 물품은 환심을 사기위해 쓰이는 것이다. 순리를 부정하기 위해 쓰이는 것이 뇌물이라는 것이고, 그것이 횡행하는 곳은 비리가 많고, 부패한 곳이거나 권모술수가 만연하는 곳일 것이다. 뇌물은 편법이고 그릇된 방법이며 사회가 건전하지 못하면 할수록 더 많이 생겨나는 독버섯 같은 것이다. 바다가 부패하지 않고 살아있기 위해서는 3퍼센트의 소금물이 필요한데, 양심을 팔아 물질적인 이득을 꾀하는 뇌물은 그 3퍼센트의 물조차 부패하게 만드는 일인 것이다.

어떤 뇌물이냐며 물어보는 내게 그 친구는 어떤 선거에 출마를 말아달라는 뇌물이라며 빙그레 웃는다. 그럼 뇌물을 먹었으니 선거를 포기할거냐는 물음에도 그저 웃고만 있었다.

뇌물이 때로는 좋을 것일 때도 있는 것 같다. 나에게 언감생심 쳐다보기도 힘든 생물로 나를 유혹해 주니 말이다. 뇌물과 유혹, 그거 아무나 받을 수 있는가 말이다.

모서리와 원

사람은 개인의 성향에 따라서 이성적인 사람과 감성적인 사람으로 나뉜다. 감성과 이성이라는 이 두 가지는 정반대의 성질을 가졌지만 서로 떼어놓고 말할 수 없는 불가분의 관계다. 그것은 선을 그리고자 할 때 어떤 생각으로 무슨 모양을 그리느냐에 따라 달라지는 것과 같다.

독특한 비법으로 김치를 잘 담그는 사람이 있었다. 그 사람이 맛난 김치를 담그는 이면에는 솜씨도 있었지만 남들이 모르는 비법의 양념이 있었다. 어느 곳에서 소문을 듣고 맛난 김치를 기대하며 그에게 부탁하게 되었다.

시간은 촉박했지만 허락을 했고 부랴부랴 준비를 했다. 오비이락이라고 할까. 예전 같은 김치 맛을 내지 못하고, 어디서나 쉽게 접할 수 있는 평범한 김치가 되고 말았다. 시간이 부족하여 신선한 재료를 충분히 구하지 못한 것은 물론, 남들이 모르는 특별한 재료도 넉넉히 확보하지 못하여 맛을 내는데 한계가 있었던 까닭이다. 특별한 맛을 기대하였던 사람들은 당연히 실망과 불평의 소리를 쏟아냈다.

당신의 김치 담그는 솜씨가 좋다고 하여 잔뜩 기대를 하였는데 실망이 여간 아닙니다. 당신의 김치 담그기는 형편이 없습니다. 지금껏 솜씨 좋은 사람으로 보였던 것은 남들과 다른 양념을 넣은 때문이지 당신의 솜씨가 뛰어나서 그런 것이 아닙니다. 변명은 그들에게 통하지 않았고 그에게 되돌아 온 것은 차가운 비난뿐이었다. 자신감까지 잃어버린 그는 다시는 비법의 김치를 만들 수 없게 된 것은 물론이다.

어떤 것이든 철저한 준비 없이는 최상의 결과를 기대하기는 어렵다. 비록 솜씨와 비법을 가졌지만 양념이 절대적인 것이었으므로 솜씨가 좋다고 하기는 어려웠을 것이다. 그러나 정황에 비추어 옳다고 생각하고 설령 사실이었다 하더라도 좀 더 신중한 표현이었으면 어땠을까 싶다. 비난의 말을 함으로써 비법의 김치를 맛볼 수 없게 되었음은 물론, 한 사람의 가슴에 돌이킬 수 없는 상처를 주게 되었으니 말이다. 화畵자의 의도에 따라 선은 변용한다. 모난 돌을 그릴 때는 모서리가 되고 보름달을 그릴 때는 커다랗고 넉넉한 원이 되는 것처럼 말이다.

진실이라는 이름으로 한 치의 오차도 없이 정확하게 사실을 지적하여 옴짝달싹 못하게 하는 사람들이 더러 있다. 최소한의 변명이나 설명할 기회를 주지 않고, 회계사의 연말정산처럼 좌우 어디를 봐도 빠져나갈 구멍하나 없게 만들어 버리는 것 말이다. 사물을 논리 정연하고 냉철한 이성으로 판단한다는 점을 탓할 수는 없다. 상대를 배려해야한다는 차원에서는 문제가 아닐 수 없다. 비록 사실이었다 하더라도 좋은 말이라고 하기는 어려울 것이고 적합한 말이라고 하기는 더욱 어렵다.

이성이 효율적인 합리성을 추구한다면 감성은 사람의 감정과 느낌을 중요하게 생각한다. 같은 뜻의 말이라도 직설적으로 몰아붙이기보다 따뜻하고 인간적인 배려를 잊지 않는 것이 중요하다. 그렇게 본다면 이성은 직선이고 각이 선 네모의 모양이다. 모서리마다 상처를 만들 수 있는 것 말이다. 이성이 모서리라면 감성은 따뜻하고 온화하며 둥근 공 같다. 최소한의 저항을 가졌으며 어떤 상대에게도 관대하고 유연한 것 말이다.

이성적이라는 것은 합리적인 결과를 도출하기 위한 하나의 방편이지 남을 다그치는 수단으로 전락해서는 안 된다. 합리라는 이름으로 사람을 난처하게 하기보다는 대지의 품 같은 감성도 함께 가졌으면 어떨까 싶다.

사물을 바라보고 아름답다고 느끼고 그것을 옮겨 표현한다면 그것은 감성적이라 할 수 있고 모양과 구조 재료와 자산적인 가치나 학문적인 고찰로 파고든다면 그것은 이성적이라 할 수 있다.

가령 화가가 그림을 그린다고 가정하자. 감성적인 그림은 따듯하고 온화한 밝은 톤의 그림일 것이고 이성적인 것은 실제적이고 현실적이며 다소 칙칙하고 차가운 모습조차 그대로 옮겨 놓은 그림이 될 것이다. 앞 그림은 사람들의 흐뭇한 미소를 만드는데 일조를 할 것이고, 뒤의 그림은 사실적이 판단을 하는데 아주 요긴한 자료가 될 것이다.

감성은 사물의 모양과 질감 등 느낌을 중요시 하는 것이고 이성은 보이는 것 이외에 본질적인 것에 근접하려는 방식이다. 그것은 냉온의 극단적인 양면으로도 보이지만 그것이 있으므로 여유와 합리라는 것을 알 수 있다.

사람의 소통은 법칙이나 계산보다 감정이라는 느낌이 앞서야한다. 남자와 여자 중 어느 개체가 더 훌륭하냐를 따질 수 없는 것처럼 이성과 감성은 우열을 가릴 수 없는 것이다. 그것은 마치 찬 것과 더운 것 중에 어떤 것을 더 좋아하느냐를 따지려는 것과 같다.

개개인의 취향은 천차만별 일 수밖에 없고 성향에 따라 이성과 감성은 선택할 수 있는 문제다. 결국 목적에 따라 다르게 선택할 수 있는 유동적인 것이므로 한쪽만을 고집할 수 있는 것은 아닐 것이다.

그것들의 장점을 취하여 삶을 윤택하게 하는 방편으로 삼을 수 있다면 지혜롭다고 할 것이고, 그 둘을 아우르는 현명한 선택이 될 것 같다.

무위자연

찻상에 먼지가 쌓였다. 엎어놓은 사발과 다茶상위로 나의 게으름을 탓하기라도 하듯이 찌꺼기들이 내려앉았다. 그렇다고 특별히 게을러진 것도 아닌데 바쁘게 살다보니 먼지가 핑계처럼 쌓였는데 가장 큰 연유는 격식을 차려 차를 마시지 못한 것이지 싶다. 시간을 낼 수 없었던 것이 아니라 마음의 여유가 없었던 탓이다.

어지간히 차를 즐겨 마신다하더라도 독작하기란 참 쉽지 않은 일이다. 어떤 생각에 골몰하여 혼자만의 시간을 얻고자 할 때에 어쩌다 한 번씩 있는 일인데 특별한 상황이 아니라면 혼자서 격식을 차려 마시기란 결코 쉽지 않은 일이다. 마치 상대가 있을 때는 솜씨를 부리고 격식을 따져 요리를 하여 먹다가도 혼자 있으면 대충 배고픔을 해결하는 경우처럼 말이다.

호들갑을 떨지 않고도 혼자서 상시로 마실 수 있는 방법을 생각하다가 녹차를 뜨거운 물에 우려내어 마시는 방법을 생각해냈다. 주전자에 물어넣어 팔팔 끓이다 한 숨을 쉬게 기다렸다가 녹차 잎을 넣어 우려내는 간단한 방법이다. 이것을 완전히 식혀 냉장고에 넣어두고서 보리차처럼 언제나 마실 수 있게 한 것이다. 찬 것을 좋아하는 나에게는 번잡하지 않게 마실 수 있고, 시간도 절약되는 셈이어서 안성맞춤이 되는 것이었다.

좋은 지인 두엇과 이야기를 나누며 마시는 차 맛은 특별하다. 맛도 좋을 뿐만 아니라 삶에 활력을 주고 사위를 두루 살펴볼 수 있는 여유를 주기도 한다. 거의 매일 사람들을 불러들여 차를 마셨다. 방송국에 근무하는 김 피디, 음악을 가르치는 박 선생, 글을 쓰는 최 모 씨 그 외에는 여럿이 나의 다음茶飮 벗이 되었다. 날마다 여럿이 마시다보니 종류별로 차 봉투가 쉽게 줄어드는 것이 정상인데 오히려 차 봉지는 날마다 늘어났다. 여기저기서 사람을 부르다보니 그들이 좋아하는 차 하나씩 가져온 결과였다.

과유불급이라 했던가. 많은 사람을 만나 차 마시고 담소하는 일은 좋기만 한 것은 아니었다. 사람만나는 일이 잦아지자 시간배분이 여의치 않게 되어 생활리듬이 깨어졌다. 마땅히 해야 할 일을 소홀히 하게 되고, 시간에 쫓겨 충분한 생각도 없이 일을 처리하여 곤란을 겪게 되는 일까지 생겨났다. 궁리 끝에 생각해낸 방법은 사람을 불러들이는 횟수를 줄이는 것이었다.

좋은 일과 그렇지 않은 일은 공존하는 모양이다. 치졸한 방법으로 다상에 앉는 횟수를 줄이게 되자 차상에는 먼지가 쌓이고 지인들과의 거리가 멀게 느껴졌다. 그러나 생활의 리듬을 찾고 나를 돌아볼 수 있는 시간을 가질 수 있었으니 일비일희가 아니었나 싶다.

무엇인가 허전한 마음에 다상을 닦고 다기에 먼지를 닦아내며 수선을 피울 때였다. 일전 ㄱ씨를 따라 간 유명한 사찰에서 보이 차 대접을 받고 선물로 받아 온 막사발 두 개가 눈에 들어왔다. 넉넉하고 투박한 손으로 혹여 깨질세라 흰 종이로 겹겹이 정성들여 싸 주시던 스님을 생각하며 탐색하듯 그 놈들의 면면을 살피게 되었다.

유백색의 몸통에 미끈하지 않고 유약으로 반짝이지도 않았다. 깨알 박히듯 투박한 티끌들을 보면 아무렇게나 만든 듯했는데 오히려 그것으로 인해 소박하고 정갈한 모습으로 비춰졌다. 매끈하고 빛나는 물건이 아님으로 수묵화의 여백처럼 가슴한 구석을 흔드는 것 말이다. 복사꽃 살구꽃 피는 내 고향 같은 안온함으로 다가왔다.

막사발 두 개를 깨끗이 닦아 올려놓은 차상 앞에 앉았다. 주위를 돌아보니 온통 형틀에 의해 모양들이 만들어져 나온 깔끔하고 날렵하며 매끈한 것들뿐이었다. 모양도 색깔도 세련되고 빛나는데도 불구하고 막사발에서 느낄 수 있는 느낌과는 사뭇 다른 것이었다.

획일적이고 규칙적이며 미끈한 것을 기준으로 본다면 막사발은 불량품일 수밖에 없을 것 같다. 온전히 형틀에서 벗어난 제 멋대로 라는 것만으로도 말이다. 대량생산을 목적으로 하는 형틀은 효율성이 떨어지는 어떠한 것도 허용하지 않는다. 조금이라도 다르거나 같은 모양과 크기가 아니라면 좋고 나쁜 것을 떠나 다르다는 것만으로도 불량품의 조건이 되는 것이다. 사람도 그렇지 않을까 싶다. 넘치거나 모자라면 다수와 다르다는 것만으로 보편성을 잃어버리는 것으로 취급받는 것 말이다.

우리는 때때로 대상의 본질을 바르게 이해하거나 보지 못하고 겉모양만으로 판단하는 우를 범한다. 멋지고 화려하며 번지르르한 겉모양에 현혹되어 제대로 된 판단을 하지 못하는 것 말이다.

이미 물질이 정신을 앞서가고 있는 물질만능 시대에 살고 있는 우리다. 어쩔 수 없이 획일적인 화려함이 대접받는 세상이 되었다지만 그렇다고 본질적인 미를 도외시할 수는 없는 일이다. 사물을 가치를 높이고 사람의 마음을 움직이게 하는 힘은 화려하고 멋진 것이 아니라, 거치면서도 단순하며 자연을 닮은 질박한 모습이 아닐까 한다.

막사발이 소박함으로 아름답다면 난은 절제와 품격으로 고고하다. 그 둘이 아름답고 멋질 수 있는 것은 꾸미지 않은 자연을 닮았다는 것이고, 인위적인 간섭 없이도 충분히 아름답다는 것이다.

꾸미지 않은 것은 자연이고 자연은 자연스러울 때가 가장 돋보이는 때다. 무위자연이 더욱 빛나 보이는 요즘이다.

벽창호

나는 지인은 몇 있어도 죽마고우라 할 만한 사람이 없다. 마음을 터놓을 수 있는 지인은 곁에 있어도 야!, 자! 하며 격이 없이 지낼만한 친구는 거의 없다. 고향을 떠나 40년에 가깝게 타향살이를 했고, 아래 윗집에 나란히 살던 친구들도 왕래가 전혀 없다. 그나마 다행이라면 진심으로 나를 걱정해 주는 지인 몇이 있어 외롭지 않다.

내 성향이 번잡한 것을 싫어하고 사람을 사귀는데 까다로워서 쉬 마음을 열지 않는 편이다. 붙임성도 없고 가무를 즐기는 편도 아니어서 남에게 호감을 줄 수 있는 부분이 적은데 결정적으로 전혀 술을 마시지 않는 것이 큰 단점이다. 사회생활에서 꼭 필요하다는 술자리를 등지고 살다보니 교류하는 사람의 수가 적을 수밖에 없다. 거기다 동창회니 무슨 모임이니 하는 집단모임 보다는 소단위 분위기를 좋아해서 두루뭉술하게 많은 사람을 만나지도 못한다. 그래서인지 사람을 만나는 일에도 성향이 맞는 사람만 찾게 되는 편향성을 가지고 있는 편이다.

오래 전, 어떤 모임에 지인과 동행하게 되었다. 얼굴을 좀 가리는 편인 나는 처음에는 동행하기를 꺼려했다. 그러자 막역한 지인은 가도 괜찮을 곳이며 좋은 사람들이란 말로 나를 안심시켰다. 별로 내키지는 않았지만 지인의 간곡한 동행요구에 떨떠름해 하면서도 따라나섰다.

가볍게 수인사를 하고 나서 자리에 앉자 지인의 친구라는 사람 중에 한사람이 나에게 관심을 보이더니 어느 순간부터 깍듯한 존칭을 쓰는 나와는 달리 말의 뒤가 애매해졌다. 깍듯한 나의 말과 태도를 그는 자기에게 하명만을 기다리는 하인정도로 보았는지 얼마 지나지 않아 반말이 되었다. 나의 눈빛과 말투가 거칠어 진 것은 그때부터다. 분위기는 냉랭해지고 웃음은 사라졌다. 지인은 중재 하느라 바빴고 그 사람은 부하직원 앞에서 망신을 당하고는 연신 헛기침을 해댔다.

학교 친구를 제외한 사람들과는 거의 말을 트지 않는 편인 나는 이십 대 청년에게도 경어를 써 주고, 나보다 연배가 높다 해도 함부로 하대하라든가 미리 머리를 조아리는 친절을 베풀지 않는다. 이런 나를 보고 사람들은 '뻣뻣하다, 뭘 모른다, 사람 사는 게 그런 게 아니다' 는 말 핀잔을 주지만 나의 입장에 보면 두루뭉술한 포용력은 부족하지만 타인에게 피해를 주지 않고 예로써 대할 수 있는 것이니 오히려 편하고 좋다.

만난 지 오 분도 안 되어 나이를 따지고 형이나 아우로 호칭하는 일은 나에게는 어려운 일이다. 학번이나 입사연도를 따져 선후배로 구분하는 것을 모르는 것은 아니지만, 실제 내 생활에 대입하기는 상당히 어려운 문제다.

지금까지 나에게 있어 형과 아우는 친가나 외가 쪽의 친척만이 전부다. 그러다보니 고향의 편한 사람이 아니면 형이나 동생이란 호칭을 써 본 적이 없다. 동향의 친한 이웃이 아니라 하더라도 못 부를 일은 아닌데 부르지 못하는 것을 보면 아마도 성격 탓이 크다 싶다. 그런 것에 도무지 익숙해지지도 않고 마치 몸에 맞지 않은 거북한 옷을 입은 것처럼 부담으로 다가온다.

지인들과 서로 경어를 쓴다고 친밀감이 떨어지는 것도 아니고 데면데면 하지도 않다. 충분히 가까우면서도 상대를 존중해 주고 상대에게 소중한 사람으로 대접받는다. 그러니 의견이 달라 언쟁을 할 수는 있어도 지인들과 난투극은 있을 수 없고, 돌이킬 수 없을 정도로 상대에게 상처를 주는 말과 행동은 절대로 일어나지 않는다.

아는 이의 동생이라는 이유로 혹은 동년배의 지인을 선배로 부른다고 해서 대뜸 반말을 던지는 일은 사려 깊지 못한 행동이다. 그런 일을 당하고 나면 상대를 불문하고 그 사람에 대해 상당히 부정적인 느낌을 가지게 된다. 사람의 관계는 서로 맞물려 연관이 있기는 하지만 상하로만 분류해 생각해서는 곤란한 일이다. 친한 친구의 동생이 자기의 동생뻘이 될 수는 있어도 동생은 아니다. 막역한 친구가 가르치는 입장에 있다하더라도 친구의 제자는 친구의 제자이지 결코 자기의 제자는 될 수 없는 것과 마찬가지다.

타인을 배려하는 마음보다 서열을 정해 편해지려는 편리성이 나는 현대인의 조급성으로 보여 싫다. 인스턴트식품처럼 쉽게 접근하고 금방 멀어지는 곰삭지 않은 마음이 싫고, 은근한 마음의 쏠림도 멋도 없이 쉬 끓었다 쉽게 식어버리는 양은냄비 같은 만남은 더욱 마뜩찮다.

친밀한 사이에도 말과 행동을 가려서 할 수 있는 격이 있으면 좋을 것이다. 가끔 직위를 떠나 형님으로 모시고 싶다고 속마음을 내비치는 이가 있다. 나와 좀 더 친밀한 관계를 맺고 싶은 것은 나에게도 참 고마운 일이지만, 행인지 불행인지 아직까지도 나와 호형호제하는 지인이 없다. 사람을 쉽게 사귀지 못하고 쉬 붙이지도 않는 나의 까다로운 일면인데 조금만 멀리 보면 순간적인 기분으로 답할 것이 아닌 것이다.

남과 호형호제 하는 일은 보통 신중을 기해야 하는 문제가 아니다. 내가 말하는 호형호제는 술좌석에만 기분이 좋을 때만 부르는 호칭이 아니다. 오랫동안 보지 못해도 멀리 떨어져 있어도 자주 연락하지 못해도 가슴에 담겨져 있는 사람이다. 그래서 언제 만나도 동기간처럼 반가운 사람인 것이다. 그걸 알기에 아직 쉽게 호형호제할 엄두를 못 낸다.

아무래도 나는 꽉 막히고 답답한 사람을 벗어나지 못할 것 같다. 눈으로만 익히기도 벅차게 돌아가는 세상에 가슴과 마음에 사람을 담으려하니 말이다.

잃는 것과 얻는 것

인생은 얻는 것도 있고, 잃는 것도 있는 법이다. 무리하게 욕심을 내다가 더 많은 것을 잃는 사람들을 보면 안타까운 마음이 든다. 가진 것에 만족하지 못하고 자연스러운 순리에 순응하지 못한 결과다.

많이 가진 사람은 더 많은 것을 보고 탐낸다. 부자는 많은 것을 탐하고 권력을 가진 사람이 더 높이 오르기를 원하고 머물기를 원하며 무리수를 두는 것을 보면 말이다. 떠날 때와 머물 때를 아는 사람이 현명한 사람인데 그게 지키는 사람이 드문 것을 보면 욕심이란 어리석은 생각이 일을 그르치는가 싶다.

살다보면 주는 것 없이 미운 사람이 한 두 사람쯤은 있게 마련이다. 공연히 미운 원인을 열거하자면 끝이 없을 것 같다. 자기가 싫어하는 행동을 한다든가, 대인 관계에서 너무 약삭빠르게 기회를 포착하여도 그렇다. 또 특정한 사람을 만날 때 평상시 행동과 너무 동떨어지게 행동해서 가식이 많은 사람처럼 보여도 그렇다. 자기와 죽이 맞지 않는 경우가 대부분이고 드물게는 가진 성향이 너무 비슷하여 질시 같은 미움이 생기는 수도 있다.

그런 반면에 받은 것 없이 좋은 사람도 존재한다. 이성적인 연심을 품을 대상이라면 당연하지만 도저히 이성적인 연정이 들어올 틈이 없어도 무작정 좋은 사람은 존재하는 것이다. 말수가 적어도 좋고 입안의 혀처럼 싹싹하게 하지 않아도 좋다. 겉모양보다는 마음을 보고 열었을 것이므로 외양의 조건은 무용인 셈이다.

그이는 나와 글공부를 같이 하는 사람이다. 행동거지가 조신하며 남의 눈에 확연한 그림으로 다가 오지도 않았지만 있는 듯 없는 듯, 하면서도 언제나 존재감을 표나지 않게 드러내는 사람이다. 그이는 마치 무언의 메시지를 던져주는 번잡하지 않으면서도 누구보다도 눈에 확연히 띄는 사람이었다.

조용조용한 말씨는 동양화의 여백처럼 보였고, 삶의 연륜은 서두르지 않는 지혜가 빛났다. 목소리를 높이지 않아도 명료하게 들렸다. 큰 목소리가 아니면 제 몫을 찾기 어려운 요즘에 어쩌면 여리고 느리다 싶은 그의 말은 오히려 귀를 기울이게 만들었다.

그이는 일주일에 한번 만나는 우리들 모임에 매번 꽃을 가져

왔다. 늘 꽃은 종류를 달리했고 화원에서 볼 수 있는 흔한 꽃이 아니었다. 초등학교 선생님을 오래 하였다는 그이는 깨알 같이 작은 글씨로 꽃 이름을 적어서 투명한 병에다 붙여왔다.

돋보기안경을 쓰고 초점을 맞추어 쓰기가 결코 만만한 일이 아니었을 것인데 한 번도 힘들다거나 어렵다는 말을 하지 않았다.

고맙고 느꺼운 마음에 '고맙다' 말을 하면 손사래를 치며 집에 있는 것을 그냥 조금 가져 온 것뿐이라며 우리가 오해라도 하고 있는 듯 납득시키려고 애를 썼다.

우리의 이해를 돕기 위해서 하는 행동은 그것뿐만이 아니었다. 혹여 누군가 꽃에 대해 묻기라도 하면 자세히 야생화와 들꽃에 대한 해박한 지식을 풀어 놓으면서도 결코 잘난 척 하거나 경박한 법이 없었다.

머리에 서리가 내릴 즈음이면 아무리 못난 사람이라도 인생에 대한 한두 가지를 자신 있게 이야기할 법도 한데 그이는 아는 것을 수줍어했다. 벼도 익을수록 고개를 숙인다지만 그이의 겸손은 숨길수록 잔잔히 빛나는 것이었다. 우리는 처음에 그가 화원을 하는 사람인 줄 알았다. 야생화나 구근을 가져와 필요한 사람에게 나누어 주면서부터 집에서 직접 가꾸어 가져오는 것을 알게 되었다.

처음 그이의 집을 방문한 것은 봄기운이 화창한 날이었다. 집 앞에 서자 담장 밖으로 큰 소나무가 가지를 뻗고 있었다. 보통 집에서는 기를 엄두조차 낼 수 없는 크기였다. 대문을 열고 들어서자 화원이 따로 없을 정도의 여러 가지 꽃들이 자라고 있었다. 화려한 정원이라 할 수는 없지만 정성을 얼마만큼 쏟았는지는 물어보지 않아도 단번에 알 수 있었다. 우리의 궁금증이 비로소 풀리는 순간이었다.

정원에는 어른 키를 훨씬 넘는 매실나무가 두 그루가 있었다. 봄기운에 통통하게 살이 오른 매실을 따가라고 우리를 불렀던 것이다. 나와 지인은 목장갑을 끼고 봉투를 들고 매실을 따기 시작했다. 그 분이 정성을 쏟은 열매가 상하지 않도록 소중히 하면서 말이다.

매실을 따고 나니 지하실 작업장으로 안내해 매실 병에 붙어 있는 사연들을 하나하나 설명해 주셨다. 글공부를 할 때와는 다른 푸근한 모습이셨다. 그날의 매실은 그해 매실 액이 되어 더운 여름을 수월하게 넘겼고, 그이가 싸 준 매실 액은 오래도록 음식의 요긴한 재료가 되었다. 그 해 가을부터 그 이는 암이 재발하여 서울로 올라가 지내는 일이 잦아 얼굴 뵙기가 힘들어졌다.

해마다 매실 철이 되면 그이의 정원에서 자라던 매실이 생각나고 베풀기 좋아하던 그이의 안부가 궁금해진다.

주는 것은 마음의 위안으로 얻는 것이고, 얻는 것은 다시 필요한 누군가에게 되돌아갈 것이므로 결국 얻는 것과 잃는 것은 동일선상에 있는 양팔저울 같은 것이다.

최백호

노래가 가슴에 찡하게 박힌다. 오랫동안 닫혀있던 문이 세상을 향해 열리는 것 같고 막혀있던 체증이 내려가는 듯 시원하다. 그는 적당한 노력과 처세로 달콤한 열매를 기다리는 따위를 단호히 거부하는 듯 마치 유화의 거친 붓놀림처럼 거칠지만 막힘이 없는 노래를 부르고 있다.

일요일의 늦은 저녁, 잠자리에 들기에는 좀 이르고 그렇다고 부산스럽게 다른 일을 하기에는 이웃을 생각해야하는 시간이었다. 이미 가족들이 함께 볼 수 있는 프로그램을 기대하긴 어려운 시간이어서 채널을 돌리다 보니 마침 7080이라는 프로그램이 시작되고 있었다. 최백호라는 가수가 나와서 노래를 부르기 시작했다.

노래가 시작되기도 전에 박수가 쏟아졌다. 아주 열정적인 박수였다. 대중가수라는 사람들이 누리는 열매인 관중들의 환호도 약간의 과장이라는 거품이 있기 마련이므로 그런 것이려니 했다.

그게 아니면 무대에 올라간 가수에 대한 예우적인 측면일 수도 있었다. 그런데 그의 노래가 끝나자 내가 생각했던 이상의 굉장한 박수가 쏟아졌다. 내심 아줌마나 아저씨들이 생전처음으로 구경 온 것도 아닐 텐데 왜 저럴까 하고 의아해하는 사이 그의 기타에서는 이미 다음곡이 튕겨져 나오고 있었다.

사실 최백호라는 가수는 오래전부터 알고 있었지만 나에게 가수로서 매력적인 사람은 아니었다. 「입영열차」라는 노래는 내가 훈련소 가던 때와는 시차가 있어서 별로 가슴에 와 닿지 못했다. 「영일만 친구」나 「낭만에 대하여」란 곡은 중년의 정서와 맞아떨어지는 편이어서 호감을 가지긴 했으나 썩 좋아하는 가수는 아니었다. 그런데 그날 「영일만 친구」를 부르는 그의 소리는 전율을 느끼게 했다. 그러나 맹목을 거부하듯 가끔 우리가 느끼는 우연이 아닐까 의심해 보았다. 같은 음악을 들어도 비 오는 날이나 이별 뒤에 듣는 노래의 맛이 다르듯 오랜만에 듣는 노래여서 그렇지 않을까 의심을 해보았다.

맛나지 않은 음식도 배가 고팠거나 특별한 장소에서 좋은 사람과 먹으면 아주 잊을 수 없는 특별한 맛으로 기억될 수 있는 것처럼 그런 것이 아닐까 하는 의구심이었다.

나의 부정적인 생각에도 불구하고 그 가수는 저 아득한 땅 밑에서 힘들게 끌어올리는 소리처럼 마음을 흔들었다. 노래를 하는 내내 그의 몸짓은 소리에 마음을 담고 마음은 노래와 하나가 되려는 듯 조용한 몸짓이었다. 그것은 요즘 가수들에 비하여 터무니없이 빈약한 움직이었다. 그러나 아주 미세한 떨림 같은 움직임만 있었지만 그 동작의 촉각은 멋진 소리를 뽑아내기 위한 동작이었다. 무표정한 얼굴은 희로애락의 어떤 표정도 읽을 수 없었다. 있다면 다소 수줍은 듯 담담한 촌부의 모습이었다.

수건 질끈 동여매고 논밭에서 일하다 온 사람처럼 순박하고 꾸미지 않은 몸짓과 표정 그리고 그것을 대변하는 듯 이마에 밭이랑같이 깊게 패인 굵은 주름. 그의 몸짓은 소리의 울림통이었으며 떨림이었고 울림통은 그의 몸이었다.

그는 노래를 쉽게 부르지 못한다. 그렇다고 피를 토하듯 절규하듯 한이 서린 목소리로 뽑아내는 장사익의 목소리와도 같지 않다. 같은 점이라면 가슴을 시원하게 만들고 온몸을 던져 감동을 만들어 낸다는 것이다.

그는 조금의 망설임도 가식 없이 최선의 소리를 위해 자기를 던질 줄 아는 사람인 것 같았다. 그 순간을 위해 모든 에너지가 폭발하고 소진하여 드디어는 스스로는 빈 몸이 되고 관객은 오래 묵은 체중이 내려가 듯 시원함과 감동을 받는다. 마치 활화산 같은 열정과 가슴, 심해 저 밑에서 끌어올리는 목소리로, 끝내는 폭포수 쏟아내리 듯 시원하게 쏟아내는 것이다.

나는 노래를 좋아하기는 하지만 요즘의 노래를 즐기지는 않는다. 주로 60~70년대의 노래를 즐겨 부르고 듣는 것인데, 거기엔 그 시대 특유의 서정적인 가사와 멜로디가 좋기 때문이다. 다소 우울하거나 슬픈 노래도 많지만 그 시대 나름의 때 묻지 않은 맑음이 있어서다.

무대 위에서는 노래를 부르는 자의 특권이 있다면 듣는 사람에게도 선택의 권리라는 게 있다. 청취자는 좋은 노래와 자기가 좋아하는 노래를 즐길 권리를 지님과 동시에 선택할 수 있는데, 그런 의미에서 본다면 최백호란 가수는 대단히 호감이 가는 소리꾼이다.

세상을 향해 무던한 눈빛을 던질 줄 아는 가수, 그는 꾸미지 않고도 빛날 수 있고 몸을 쥐어짜듯 힘들게 부르는 그의 노래는 듣는 이들로 하여금 열락의 카타르시스를 느끼게 한다. 폐부를 찌르듯 날카로운 사람이기보다는 눈을 감고 묵상하듯 속으로 삭히는 열정을 가진 가수 최백호, 그의 열정이 마침내는 용암이 분출하듯 토해내는 소리로 듣는 사람의 가슴을 서늘하게 하고 닫혔던 마음의 문을 열게 하기에 손색이 없다.

최백호, 나는 평상시 그가 무슨 생각을 하고 어디 사는지 모른다. 알려고도 하지 않을 뿐 아니라 알 필요도 없다. 그러나 무대에서 최선을 다해 몰입하고 자기노래를 불사를 줄 아는 그가 좋고 그의 노래가 참 좋다.

홍옥

석류의 균열이 아름답다면 홍옥의 아삭한 소리는 매혹이다. 열하의 기운을 고스란히 속살로 옮겨 새색시의 발그레한 볼 같고 해질 녘 하늘에 걸린 노을을 닮았다. 석류의 주홍색 꽃과 검붉은 맨드라미와 고추잠자리 색을 합치면 고운 빛깔의 사과, 홍옥이 될까.

나는 식사 시간이 불규칙하고 식사도 자주 거르는 편이다. 단식을 한다거나 건강상의 이유로 아무것도 먹지 않는 것이 아니라 우리가 일반적으로 말하는 주식인 밥이나 면 등의 탄수화물을 먹지 않는 날이 많다는 말이다.

급하게 많이 먹는 날이면 몸놀림이 둔해지고 노곤해져서 곤란했으므로 직업상 끼니를 일정한 시간에 맞춰 먹기 어려웠다.

낮에는 식사시간을 맞추기 어려워서 건너뛰기 일쑤고 늦은 밤에는 허기가 져서 폭식으로 이어지는 경우가 많았다. 아침에 일어나면 얼굴이 퉁퉁 붓고 식욕도 없어서 아침식사를 건너뛰게 되니 나중에는 그것이 습관처럼 되어서 악순환의 연속이었다. 악순환을 그냥 계속할 수 없어 방법을 생각하다가 저녁에 폭식을 하지 않으려면 낮에 공복시간을 줄이는 것이 효과적이라는 결론을 내렸다.

오랫동안 길들여져 버린 습관을 하루아침에 개선하기는 쉽지 않았다. 20년을 넘게 먹지 않았던 아침을 억지로라도 먹어서 속을 든든하게 했고, 오후에는 작은 양이라도 틈틈이 먹어 위가 비지 않게 하였다. 또한 정량보다 많이 먹는 과식을 경계해야했는데 과식은 사람을 둔하게 하여 움직임을 적게 하고, 머리도 탁해져서 이래저래 좋지 못한 것이었기 때문이다.

포만감도 느끼고 손쉽게 구해 먹을 수 있는 것을 찾다보니 가장 먼저 생각나는 것이 과일이었다. 과일은 조리하는 것이 아니라서 시간과 노력을 적게 들여도 되었고, 며칠간 두었다 먹어도 부패가 되지 않는 것이라 나에겐 안성맞춤이었다. 가능하면 제철 과일을 먹는 원칙을 세웠는데, 제철 과일은 향과 품질이 좋고 신선하면서 가격이 싸고 구하기도 쉽다는 장점이 있었다. 그 후부터는 식사 때마다 번거로움이 줄어들고 과일 몇 개로 간단히 요기를 할 수 있어서 여러모로 편했다.

나는 과일 중에서도 사과를, 사과 중에서도 홍옥을 가장 좋아한다. 홍옥은 과육이 단단하여 씹는 맛이 아삭하여 좋고, 색깔이 유려하여 바라보거나 생각만 하여도 절로 침이 넘어간다. 한입 베어 물면 비류직하 하는 폭포수의 소리를 닮았고, 입 안 가득 고이는 과즙의 새콤달콤함은 나를 무아지경으로 이끈다.

홍옥은 코르텐(사과의 품종 중 하나)의 단맛과 부사의 시원한 맛을 골고루 내는데, 달콤하면서도 적당히 시원하고 새콤한 맛이 일품이다. 사과가 제철일 때면 발그레한 홍옥을 바라보는 것부터가 나에게는 참기 힘든 유혹이다. 먹고 싶을 때 못 먹는 것은 참새가 방앗간을 지나치는 것만큼이나 어렵고, 술꾼이 주막의 술내를 맡고도 그냥 지나쳐야 하는 것과 같다면 지나친 비유가 될까.

가을 초입이면 가장 먼저 출하되는 사과가 홍옥이다. 맹하염천의 열기를 고스란히 담아 발그레한 붉은빛은 저녁노을이 스며든 것처럼 소담스러워 보여 마치 사춘기 소녀의 붉어진 두 볼을 보는 것과 같다.

내가 어렸을 때 고향 인근에는 사과밭이 없었다. 그래서 사과는 명절이나 제사 혹은 큰 행사 때에만 귤과 함께 구경할 수 있었던 것으로 여기며 자랐다.

나의 첫 사과에 대한 기억은 초등학교 때였다. 방학 때 외갓집에 가서 처음으로 사과나무를 보았다. 외가 인근에는 사과 과수원들이 많았으며 더불어 복숭아나 포도 과수원들도 있었다.

외할머니는 가끔 태풍에 떨어진 낙과나 상품성이 떨어진 험다리 사과를 광주리에 가득 사 오시고는 했다. 사과의 모양들은 별로였었지만 그 맛만은 새콤달콤한 게 그저 그만이었다. 흔히 하는 우스갯소리로 가장 맛있는 사과는 '훔쳐 먹는 사과' 라고 말을 하지만 실상은 무서리를 맞고 나무에서 저 홀로 붉어진 사과 맛이 가장 뛰어나지 않을까 싶다.

중학생이 되어 첫 담임선생님은 기술과목을 담당하셨는데 기발한 생각을 잘하실 뿐 아니라 그것을 실천에 옮기는 데에도 일가견이 있는 분이셨다. 한 번은 선생님의 제안으로 지각을 하는 아이들에게 벌금을 내도록 하여 돈을 모았다. 돈이 얼마인가 모이자 그 돈으로 학급파티를 하기로 중지를 모았다.

창가로 비치는 가을볕이 눈부시게 부서지던 날이었다. 큰 아이 몇이서 방과 후에 먹을 과자와 땅콩, 뻥튀기 등의 군것질거리를 사가지고 왔다. 그 중에 홍옥도 들어 있었다. 공부하는 내내 교실 안에는 진한 사과향이 가득해서 우리는 얼마나 군침을 흘렸는지 모른다. 수업을 마치고 책상을 여럿 붙여서 먹을 것을 올려놓았다. 유독 사과가 반질반질하게 윤이 났다. 까닭은 사과가 먹고 싶었던 아이들이 차마 먹지는 못하고 너 나 없이 만지작거리며 교복바지에 대고 문지르다 보니 그렇게 된 것이었다. 얼마나 먹고 싶었으면 그렇게 만지작거리며 닦았던지 잦은 다림질로 반질반질 빛나던 교복 무릎을 꼭 닮아 있었다.

요즘 사과가 제철이다. 따가운 햇볕과 조석으로 커져가는 기온차는 사과의 새콤달콤한 맛을 더하게 만들고 있을 것이다. 나에게 있어 빨갛게 잘 익은 사과는 과일 이상의 의미이다. 외할머니가 주시던 험다리 사과, 먹고 싶어도 차마 먹을 수 없어 문지르기만 했던 그날의 사과가 진한 그리움으로 남아있다. 그러나 요즘은 수익성이 떨어지는지 홍옥이 잘 보이지 않는다.

홍옥이 붉어지는 가을날 오후다.

시간, 그리고 나

산사로 가는 길

이 가을 훌쩍 길을 나섰다. 낯설지 않은 사람을 방패막이로 낯선 사람들과의 동행이었는데, 다행인 것은 얼굴을 가리는 나와는 달리 그들은 너무도 편하고 무던한 표정들이었다. 마치 어느 옷 광고에서 '일 년을 입어도 십 년을 입은 것 같은 옷, 십 년을 입어도 일 년을 입은 것 같은 옷' 이라 했던 것처럼 아주 오래전부터 알고 있던 익숙한 사람 같이 느껴졌다.

세상일에 적당히 때 묻고 느긋해져 작은 소리나 움직임에도 고양이 귀처럼 바짝 곧추세우는 일 따위는 남의 일인 듯한 사람들이었다. 중년이 주는 푸근하고도 넉넉한 여유와 낯선 타인들이게도 호의적인 게 나에게는 얼마나 다행스런 일이었는지 모른다. 거기다 더 좋았던 것 내가 투명인간이라도 된 듯이 내가 곁에 있는데도 그들의 행동은 숨김도 없이 거리낌 없이 편안해 보였다는 것이다.

때때로 상대를 위하려는 배려가 오히려 상대를 간섭하고 구속하는 일이 되기도 한다. 가볍고 싶을 때, 혼자이고 싶을 때나 생각에 잠기고 싶을 때에 친절은 오히려 방해나 간섭으로 작용하기 쉽기 때문이다. 어쩌면 필요이상의 관심과 친절을 어려워하는 나의 성향과 기분을 그들이 먼저 간파했던 것인지도 모르겠다. 나는 그네들과 같이 걸어가면서도 내가 그들의 눈에는 보이지 않는 투명인간이 된 듯 착각이 일 정도로 좋았다.

여행은 떠나기까지의 과정이 보통으로 가슴 설레는 일이 아니다. 그리고 떠나는 순간의 감흥도 유난하다. 부산에서 경주로 가는 고속도로 옆으로는 과육을 익게 하는 햇볕이 따가웠고 티 없이 맑고 높은 하늘은 우수를 만들었다. 사추기 아니 갱년기의 나이에도 감성적인 우수가 가볍게 나를 달뜨게 했다는 말이다.

차가 시내를 벗어나서 고속도로에 접어들어 속력을 내어 달리기를 하더니 시간 여를 달리자 언양 휴게소에 도착했다. 잠시 정차를 하는 사이 급히 가락국수 한 그릇을 먹고 차에 올랐는데 얼마 지나지 않아 이내 경주의 풍경이 보였다. 삭막하던 아스팔트 길을 가로수가 배웅했고 꼬리를 물듯 나타나는 나지막한 산들은 손에 잡힐 듯 가까워 보였다. 차가 우측으로 크게 회전을 하니 보문단지로 가는 이정표가 나타났고 또 모퉁이를 돌자 백률사의 팻말이 보였다.

백률사 초입에는 좌우로 우거진 나무들이 긴 숲 터널을 만들었다. 법당으로 올라가는 길에는 두 개의 길이 나있다. 하나는 요사체로 가는 경사진 길이고 다른 하나는 우측으로 돌아 올라가는 긴 돌계단이다. 사면불상四面佛像을 좌측으로 두고 계단을 밟았다. 하늘을 가릴 듯 늘어서 소나무와 키 큰 활엽수들이 무료한 눈을 시원하게 해주었고 따가운 햇살도 가려 편안하게 해주었다.

꽤나 길고 가파른 길을 걸어 올라가려면 등산을 좋아하지 않거나 걷는 것을 좋아하는 않는 이는 다리가 후들거릴만하다. 그러나 나에게 적당한 수고로움은 오히려 기분 좋은 흥분일 뿐이다. 도로에서 겨우 얼마간의 거리를 두고 이런 숲이 있다는 게 얼마나 신기하고 가슴 설레는 일인지, 마치 다른 세계에 들어 온 듯 안온한 평화였다.

아름드리나무들이 소음도 막아주었고 가끔 부는 바람에 햇빛이 나무 사이로 언뜻 언뜻 보였다 사라졌다. 꽤 긴 그늘이었다. 그건 마치 내가 생각의 늪에 빠져 허우적대는 것처럼 좀처럼 속내를 다 보여주지 않았다. 발가벗겨진 내 생각과 마음을 세상에 보여주기 부끄러워하는 것 같이 말이다.

대부분의 사찰이 그렇지만 입구에서 본 사찰로 들어가는 길이 꽤 긴 숲길이다. 이곳 역시 절 특유의 분위기가 가을 햇살과 나무가 아주 잘 어우러져 그림 같은 고요가 우리를 감쌌다. 그래서인지 산사로 들어가는 길을 걸으니 마음이 평온하고 심신이 이내 안정된다. 고요가 주는 적요는 나를 잊게 하고, 생각의 고리들이 쉬 제자리를 찾아 정리된다.

매사 나를 기준으로 하고 나를 내세우던 생각에서 벗어나 객관적으로 나를 바라보기 쉽게 하는 곳이 바로 자연이고 숲이다. 암흑 같은 생각의 그늘도 객관을 찾고 나를 위한 생각에서 벗어나면 상대를 생각해주는 마음이 절로 생긴다. 위안도 화평도 그곳에서 생기는 일 아닐까.

과유불급이라고 고요도 지나치면 정적이 된다. 깊은 정적이 때론 마음을 심란, 산란하게도 하지만 지금 내가 걸어가는 길은 정적이 길어져도 마음이 우울하기는커녕 점점 맑고 고요해진다. 거북의 등껍질처럼 상처투성이의 내 마음이 비로소 그림처럼 형체가 보이기 시작한다.

아름다운 소리도 지나치면 음악이 아니라 소음이 되듯 사람과의 관계도 그렇지 않을까 생각해 본다. 같은 말도 분위기에 따라 어투를 달리해야하고 상대방의 처지나 기분에 따라 말의 높낮이도 달라져야 사리분별이 되는 사람이라 할 수 있다.

주는 것 없이 미운사람은 십중팔구 문제 있는 어투나 행동으로 마음의 상처를 주는 사람이다. 반대로 주고받는 것 없이도 느낌 좋은 사람은 말이 신중하며 어투는 바르고 공손한 사람이다. 거기다 다른 이의 기분이나 상황을 배려할 줄 아는 사람일 것이다. 세상에는 잘 난 사람이 많다. 그 중에 못난 나도 잘난 척 하느라 타인에게 상처를 준적이 많았을 것이다. 그들도 지금의 나처럼 아프고 가슴속 깊이에서 가늠하기조차 힘들게 아렸을 것이므로 자업자득이고 역지사지할 일이 아니겠는가. 바람에 실려 오는 햇살이 눈부시게 퍼지자 일행의 발걸음 소리는 이미 멀어졌고 간간히 들려오는 웃음소리는 꽤 먼 거리처럼 느껴진다.

법당 앞에 섰다. 마음을 깨우려는 듯 향냄새는 코끝을 자극하고 미닫이문으로 들어온 햇살이 아주 오래된 정적을 깨뜨리듯 밝다. 세상은 어둡고 부처의 법은 세상을 밝히는데 나는 오늘도 어리석은 중생의 윤회를 한 치도 벗어나지 못한다.

그래서 중생이 아니겠는가.

가을 햇빛이 참 정갈하다. 하늘에도 내 마음에도.

가을 외출

비가 오락가락한다. 특별히 산을 보고 싶다거나 계곡의 바위에 앉아 물들고 있는 단풍을 보고 싶은 것도 아니었다. 괜스레 마음이 허탈해지고 한줄기 빛처럼 머리를 스친 것은 야외로 나가고 싶다는 충동이었다. 외출하기로 작정을 하고보니 가지 않으면 안 되는 것처럼 조급해지기 시작했다. 마치 어떤 일의 순서 보다 앞서서 해야 할 것같이 말이다.

가끔 그런 일이 있다. 무엇이든 작정을 하면 그 결과의 득실을 따져가며 사리를 판단하는 기능이 일시 정지되고 마음먹으면 반드시 해야 하는 조급증이 생겼다. 예를 들자면 머리카락을 자르려고 마음을 먹으면 반드시 그날 깎아야 다른 일을 할 수 있을 것 같은 맹목성이다. 이런 조급한 행동이 냉철한 이성과 절대 가까울 수 없는 불합리한 생각의 직진이라는 것을 알면서도 쉽게 고쳐지지 않았다.

이것은 보이지 않는 내 안의 고집일 수도 있고, 불확실한 것에 대한 거역이거나 반란일 수도 있다. 자신도 어쩔 수 없는 통제 불능의 상태에 가까운 이 현상은 생이 자기마음 먹은 대로 되지 않아서 생기는 반항적인 본능 같은 것인지도 모르겠다.

닫힌 창은 차단막이 되었다. 겨우 얇은 유리 하나를 사이에 두었지만 차 안과 바깥의 느낌이 너무 다르다. 비바람이 몰아치는 거센 날이라도 창문이 닫힌 차안에서 보면 평온하기 그지없다. 그건 으스스한 첩보영화나 무협영화를 보면서 소리를 들리지 않게 하고 보는 것과 같다. 바깥의 상황이 실제와 같이 전달이 되지 않고 그저 평온한 그림을 보는 것처럼 느껴질 뿐이다. 마치 현실을 도외시하고 이론만을 가지고 현실을 이야기 하는 탁상공론과 비슷할 것 같다.

안전벨트를 단단히 매고 가속페달을 밟았다. 비는 거세게 내리다 멎었다 반복하고 있었지만 조락의 계절을 온전히 부정하지는 못했다. 목적지를 두고 여행을 가는 것과 할 일을 마무리하지 못하고 떠나는 도피성 출발은 다른 것인지 가을 기운이 제법 스산하게 느껴진다.

차가 부산을 빠져나가 양산으로 접어들자 곳곳에 사찰의 푯말이 보였고 이내 마음이 착잡해졌다. 언제부터인가 종교인에 대한 부정하는 마음이 고개를 들게 만들었다. 종교의 옷을 입고 겉과 속이 다른 사람들을 많이 보아왔기 때문이다.

사람이 표리부동하다 않다 이르는 일은 안과 밖이 같고 바르며 소임에 합당한 행동을 하는 것을 말한다. 먹물 장삼을 입고 승으로서의 대접은 후하게 받으면서 행동은 속인이나 다름없는 사람을 많이 보고 들었다. 그런 사람들일수록 속인들을 우습게 보는 경향이 심하다 할 수 있다. 마치 청정도량의 영험을 자기가 모두 얻어내어 득도한양 행세를 하는 것인데 우습기 그지없다. 더 우스운 이야기는 그런 사람들에게 혹하여 마치 살아있는 부처인 양 떠받드는 사람들이 있다는 것이다. 알맹이인 본질을 보지 못하고 껍데기, 형상만을 바라보기 때문에 생기는 현상이라 할 수 있겠다.

승이든 속인이든 자기 자리를 알아야한다. 헛된 것을 추종하게 하는 사람도 추종하는 사람도 냉철하게 자기를 바라보지 못하는 것은 한가지다 싶다.

몇 해나 소식이 없는 스님이 생각난다. "처사님을 처음 만났을 때는 칼날 같이 날카로 와서 여유가 없었는데, 이제는 많이 너그러워져서 좋아 보인다."고 소식이 끊기기 전에 남기신 말씀이다. 늘 외로워 보이던 그 스님은 불시에 얼굴을 보이고는 총총히 사라지곤 했다. 20여 년의 인연이어도 바람같이 왔다가 사라지는 일의 반복이었다. 속가에서의 거처가 편하지도 마땅치도 않아보였는데, 거기다 때 묻은 속인들이 가만 내버려두지 않고 귀찮게 하는 모양이었다.

참선에 들면 '여간 좋은 게 아니다' 라는 말로 정진에 대한 설명하시곤 했지만 범인인 나로선 짐작하기도 어렵고 알기는 더욱 막막하다. 그래도 가끔은 속세의 소식이 궁금한지 바랑하나 달랑 메고 얼굴 한 번 보고는 사라지기를 여러 해더니 요즈음은 소식이 없다.

스님을 바라보면 눈빛이 서늘히 깊다는 생각을 종종 한다. 스스로에게 안으로 안으로만 되묻는 반문 때문인지 몰랐다. 이 가을이 끝나기 전에 수척하고 지친 얼굴이라도 서늘히 깊은 눈빛을 볼 수 있었으면 좋겠다. 설령 꾹꾹 눌러 담은 말들이 제 구실을 못한다 해도 마주하여 바라보면 들릴 것만 같다.

통도사 넓은 주차장을 우측으로 두고 거슬러 올라가기를 수분, 떨어진 감나무 이파리가 수북하다. 엔진소리를 높여가는 차 소리와는 반대로 수많은 암자들이 숨어있는 산자락에는 한가로운 시간이 흐르는 듯하다. 모두가 치열한 구도를 할 수는 없다는 듯.

차를 한적한 구석에다 대고 연못을 가로지르는 돌다리 위를 걷는다. 오랜 풍상을 겪은 듯 마주보이는 고목은 밑둥치만 남기고 서서히 세월 속에 묻힐 태세다. 가을 석양은 대웅전 처마 위를 물들이고 성급한 낙엽은 색색의 단풍들 아래로 한가로이 떠돈다. 뒤뜰 대숲에서 부는 바람소리 따라 낙엽은 이리저리 바스락 소리를 낸다. 대나무 대롱을 타고 내리는 물소리는 맑고 은근한 소리를 내고 연못에 비친 가을 그림자는 인연이 다한 이파리들을 하나 둘 떨어뜨리고 있다.

난로의 추억

길가의 노란 은행잎이 마른 잎으로 떨어지는 십이월이 시작되었다. 바람이 차서 바깥으로 나서는 어깨가 움츠려지고 두 손은 슬그머니 주머니를 찾게 된다. 추위를 많이 타는 나에게 겨울은 견디기 힘든 계절이고 손 시린 것은 더욱 참기 어려운 일이다. 옷 속을 파고드는 차가운 바람보다 손끝을 스치는 찬바람이 살을 더 아리게 하는데 올해는 경기조차 예전 같지 않은 것이 겨울나기가 더 힘들 것 같다.

기름 값이 하늘 비싼 줄 모르고 올라만 가니 보일러나 난로를 켤 때마다 생각이 많아진다. 난방비를 조금이라도 줄일 수 없을까 궁리하던 중에 재래시장을 지나게 되었다. 오래전 시골에서나 볼 수 있었던 난로들이 투박한 모양으로 진열되어 있었다. 옛

날 생각이나 물끄러미 쳐다보니 실용성만을 염두에 두고 만든 탓인지 40여 년 전이나 지금이나 모양은 별반 달라 보이지 않았다.

나무가 타면서 그을음을 많이 내니 화려할 필요가 없고 나무 장작의 화력이 세 깨어지거나 터지지 않게 주물로 두껍게 몸통을 만들었다. 단순하고 투박한 모습으로 오랜 시간을 버텨 지금껏 형태를 지키고 있는 난로가 정겹기만 하다.

이른 아침, 산골의 칼바람이 몰래 스며든 교실에 들어서면 어제 청소 후 짜 두었던 걸레와 양은 주전자에 담긴 물이 돌덩이처럼 꽁꽁 얼어 있었다. 이렇다 할 보온 시설이 없는 교실은 문단속을 한다고 해도 창문 틈 사이로 들어오는 황소바람은 교실 안을 냉장고 속 같이 만들어 버린 것이다. 우리 입에서는 말을 할 때마다 하얀 입김이 따라 나오고 검정 고무신에 나일론 양말을 신은 발은 차가운 바닥의 냉기를 품어 감각이 무디어진지 오래다. 손은 손대로 곱아 뻣뻣해진 손가락을 입으로 호호 불어야만 글씨를 겨우 쓸 수 있을 정도다.

어느 해 겨울, 우리 학교에 커다랗고 원통 모양의 화목난로가 들어왔다. 거무스름한 난로만으로 겨울이 물러가기라도 한 것처럼 모두가 들떴다. 그런데 난로에 소요되는 나무가 만만찮은 것이어서 우리는 한 달에 두어 번씩은 필요한 나무를 구하러 산으로 가곤 했다. 사투리로 '까디' 라고 하는 잘려진 나무의 삭정이를 찾으러 산으로 가는 날이면 마을이 들썩거렸다.

교장 선생님을 제외한 전교생 400명 남짓한 시골학교가 둘째 시간을 마치면 소풍을 가듯 시끌벅적해졌다. 아이들은 나무를 하기 위해 학교에서 가까운 야산까지 긴 줄을 만들며 걸어갔다. 공부하는 것보다 야외로 나가 놀기를 좋아했던 우리에겐 나무를 하는 힘든 작업도 그저 흥미로운 소풍 같았다.

우리는 부러져 넘어져 있는 나무를 끌고 내려오거나 썩은 둥치를 발로차서 요령껏 가져오고는 했다. 산이나 들에서 노는데 이골이 난 우리가 가끔 나무 외에 불로 소득을 얻었는데 그건 토끼몰이였다. 400명이나 되는 인원은 나지막한 동네 야산 하나를 둘러싸기 좋은 숫자이다.

산 아래에서부터 누구인가가 '토끼다' 고함을 치면서 그물망처럼 촘촘히 포위를 해서 올라가면 놀란 토끼들이 산의 정상으로 죽어라고 도망을 친다. 그러나 포위망을 좁혀서 가다보면 결국 산 아래로 다시 도망을 칠 수밖에 없다. 대략 대 여섯 마리가 포위되지만 토끼가 워낙 빨라 한 마리만 잡아도 성공인 것이다. 토끼를 잡았다 해도 우리에겐 무용담만 남게 되고 토끼고기는 늦은 밤 선생님들의 술안주가 되고는 했다.

바람에 볼과 코끝이 빨갛게 되어도 산으로 간다는 사실은 우리를 즐겁게 만들기에 충분한 일이었다. 대략 점심때 쯤이면 일정량의 소득이 나왔는데 여러 곳에 모아 두었던 나무들을 낑낑대며 끌고 내려와 학교 운동장 한 모퉁이에 모았다. 아이들의 작은 힘이 얼마나 무서운지 나무둥치와 나무들이 작은 산처럼 높게 쌓였다.

마르거나 썩은 나무라 하더라도 처음 불붙이기는 쉬운 일이 아니다. 종이가 귀한 때라 종이로 불소시게를 할 수 없었으므로 활엽수나 소나무 이파리로 불을 붙였다. 그리고 소나무 잔가지로 불을 키우고 나중에는 장작에 불을 붙었는데 장작불은 피우기가 어렵지 한 번 붙으면 화력은 대단했다. 불이 사그라지기 전에 적당히 나무를 넣어주면 꺼지지 않을뿐더러 얼마 지나지 않아 교실 안은 훈훈한 온기가 가득해진다. 난로 위에다 급식용 우유를 담아오는 큰 주전자에 물을 가득 넣어 올리면 주전자의 물은 금방 끓고 알맞은 습도로 교실 안은 평온해 진다.

학교에서는 점심시간이면 가난한 시골아이들을 위해 배급품으로 맛있는 옥수수 빵을 매일 쪄 주었는데, 그 양이 한정되다 보니 겨우 허기를 면할 정도였다. 먹고 돌아서면 배고플 아이들에겐 양이 차지 않는 것이 당연해 점심시간을 전후해서 고구마를 구워 먹고는 했다. 난로 위에 있는 나무 주입구 뚜껑 부분을 대충 닦아내고는 그 곳에다 고구마를 얹어둔다. 마냥 놓아두고 익기를 기다릴 수는 없는 것이라 고구마가 익으면 익은 부분을 베어 먹고 다시 난로에 올려 두었다 익으면 또 베어 먹곤 했다.

고구마 구워 먹기는 방학을 제외하고는 겨울 내내 난로 옆에서 하는 아주 재미있는 놀이였다. 그러나 난로와의 동거는 좋은 것만 있는 것이 아니었다. 고무신 바닥에 온도차에 의해 습기가 생기고 그걸 난로 불에 말린다고 하다가 신발을 태웠다. 얼음을 지치다 젖은 옷을 빨리 말리려고 난로 가까이 가져갔다가 나일론 바지와 점퍼를 태워먹는 아이들이 자주 생긴다는 것이 문제였다.

집들이하는 친구의 집을 방문했다. 거실에 설치된 벽난로를 보고 반가운 마음에 켜보라고 했더니 불을 켤 수 없는 장식용 난로라고 하여 얼마나 섭섭했는지 모른다. 못내 서운해 하는 내가 안타까웠던지 다음에 오면 전기회로를 설치하여 난로에 불이 붙은 것처럼 해서 보여주겠다고 했지만 당장에 볼 수 없어 아쉽기만 했다.

40여 년의 세월이 세상을 많이 변하게 했다. 생필품이었던 난로를 어느 유명한 음식점 뒷마당에서는 골동품으로 보여주니 말이다. 이번 겨울이 다가기 전에 그 음식점의 난로도 녹 슨 세월을 털고 모두에게 온기를 실어줄 수 있는 난로로 거듭 태어났으면 좋겠다. 난로 뚜껑 위에 고구마 두어 개 올려놓고 따뜻한 온기에 그때를 생각하며 행복을 느껴보고 싶다.

남자와 여자

조물주가 인간을 만들 때 양과 음, 남자와 여자를 만들었는데 그건 상생의 조화를 이루라는 의미였을 것이다. 그런데 음양의 조화가 어디 그리 쉬운가. 남자와 여자의 크고 작은 대립과 분쟁은 끝이 보이지 않게 계속된다.

남자와 여자라는 개체는 공히 인간이란 점에선 같지만 그 속을 들여다보면 다른 점이 한 두 가지가 아니고 또 상반되는 점도 한둘이 아니다. 그래서 남과 여는 대비, 대립하며 경쟁을 하고 있는지도 모른다.

남자는 결론을 빨리 내려고 조바심을 내며 결과를 중요시한다. 반면 여자는 과정을 중시하여 과정이 어떠했느냐에 상당히 민감한 반응을 한다. 남자는 시각적인 자극에 약하고 여자는 분위기에 약하다. 그래서 남자는 누드에 약하고 여자는 무드에 약하다는 말을 종종하곤 한다.

남자들이 전체를 보는 안목이 탁월하다면, 여자는 세세한 것을 기억하고 저장하는 능력이 특별하다. 그러하므로 남자가 틀을 잡아 큰 그림을 잘 그리고 여자들은 지형지물을 잘 이용하여 편리하고도 섬세하게 분위기를 바꿔 놓는다. 예를 들자면 남자가 산에서 사냥을 해오면 여자는 그것을 장만하고 요리하여 풍성하게 할 줄 안다는 따위가 그것이다. 서로 부족한 부분을 채워 조화를 이루고 산다면 더 없이 좋을 것이지만 말이다.

수탉이 이른 아침, 목청을 틔워 만천하에 그 영역의 주인이라는 것을 알리고 높은 곳에 올라가 번을 서면 암탉들은 안심하고 먹이활동을 한다. 가끔 높은 곳에서 내려와 암탉들이 있는 곳에 섞여 먹이를 먹다가도 암탉에게 양보하는 등의 자상함을 보인다.

그러나 자기의 식솔이 아니거나 영역 밖의 닭들이 침입하면 인정사정없이 응징하여 피를 보고야 만다. 영역을 침범하면 사력을 다해 공격하여 내쫓는 것은 비단 닭들에게만 나타나는 것이 아니다. 인간을 비롯한 동물들에게 공통적으로 나타나는 수컷들의 현상이다. 그러나 암컷들은 먹을 것만 있으면 조용하다. 가끔 독하게 굴 때도 있는데 그건 새끼를 품었을 때라는 한시성이 있다.

닭과 더불어 영역과 식솔에 대해 유달리 고집이 센 염소란 놈도 있다. 이놈들은 아주 강한 배타심과 불뚝골, 그리고 종족에 대한 집착까지 합해져서 수컷들의 지존이라 할 만큼 강한 수컷의 본능을 가지고 있다. 이놈들은 어떤 경우에도 자기와 피가 섞이지 않은 염소를 무리에 두지 않는다. 그래서 늘 투쟁을 하는데 결국 무리에 섞인 다른 피는 싸우다 죽거나 도망을 가야만 끝이 난다.

예전에는 농사를 직접 지으면서 힘이 필요한 어려운 노동은 거의 남자들이 했으므로 남자가 없으면 농사를 짓기 어려웠다. 그러므로 당연하게 한 가족의 가장으로 실권을 행사했으므로 여자가 감히 남자에게 대드는 따위는 생각할 수 없었다.

오늘날은 다르다. 사람이 농사를 짓는다는 건 같지만 인력과 소를 부려서 하는 것보다 기계의 힘을 빌리지 않을 수 없다. 그러니 여자도 농사를 지을 수 있다. 또 사회에서도 남자와 동등하게 경쟁하고 돈을 버니 남자들이 큰소리칠 명분이 또 하나 줄어들었다.

뿐만 아니다. 옛날에는 사회 전반적인 인식이 남자가 아니면 행세를 할 수 없었다. 오죽했으면 부질없음을 빗대어 낭자야심이란 말이 썼을까. 모든 것은 남자에 의한 남자를 위한 것에 초점이 맞춰졌다. 여필종부란 말은 당연한 일이었고 여자는 남자만 바라보고 남자의 처분만 기다리던 때였다.

세상은 바뀌었다. 여자들도 고등교육을 받고 바지를 입으면서 목소리도 비례하여 커지게 되었다. 거기다 월급봉투도 고스란히 여자의 수중으로 들어가니 남자의 호기로운 큰 소리는 명분을 하나 둘 잃어가기 시작했다.

바야흐로 여자들의 목소리가 더 큰 세상이다. 오죽하면 공처가 경처가란 말이 있겠는가. 현세의 남자들에겐 수컷의 위용은 차라리 사치인지도 모르겠다. 남자로서의 자존심을 찾으려했다가는 밥을 얻어먹기도 힘든 것은 물론 안락한 잠자리마저도 빼앗기는 수모를 당할 수 있다.

수컷으로서의 능력이 좀 떨어지는 남자가 있었다. 수컷으로서의 본능은 젖혀두고 가장으로서의 위엄과 지배력을 되찾고자 어깨와 목에 힘을 주고 아내와 투쟁에 들어갔다. 그러나 위엄은 먹혀들어가지 않고 비웃음만 사자 발끈하여 언성을 높였다. 그러나 여자의 특기인 쓸데없는 것을 기억하는 기억력과 조목조목 따지는 논리적인 말솜씨에 눌려 말 한마디 제대로 못하고 패퇴하고 말았다.

애초에 말로써 여자를 이기려 했던 것이 잘못이었다. 분명히 잘못은 저 쪽이 큰 듯싶은데 말을 하고 보면 결과는 남자의 잘못으로 되고 마는 일이 비일비재하다. 일은 커졌고 분을 참지 못한 남자는 분기탱천하여 여자에게는 절대 사용해서는 안 되는 물리적인 힘을 동원했다.

할아버지와 아버지 세대에는 눈 한 번 부라리고 어험 소리만 내어도 여자는 꼬리를 내렸다지만 지금은 어디 그런가. 남자는 마지막 남은 원초적인 힘만 믿고 달려들었다. 아내의 황소 같은 체격을 보고 잠시 망설이기도 했으나 되돌릴 수 없는 상황이어서 밀어붙였다. 그러나 엉덩이가 커서 그런지 생각만큼 녹록치 않다. 초반에 잠시 리드하는 듯 했으나 체력의 열세와 톤 높은 협박과 비명을 동반한 반격에 남자의 육신공력은 힘을 잃고 결국 마루 밑으로 도망가기에 이르렀다.

여자가 씩씩 거친 숨을 내쉬며 말했다.

"나온 나."

아무리 곰 같은 여자라도 지저분하고 쾌쾌한 마루 밑으로는 들어오지 않을 것이라는 걸 안 남자는 처지도 모르고 생뚱스럽게 던지듯 답한다.

"싫다."

여자 – "좋은 말 할 때 나온 나."

남자 – "나도 남자다. 한 번 안 나간다면 안 나간다."

아, 슬프다. 길동이는 아비를 아비라 부르지 못하는 슬픔을 겪었다지만 변견도 아닌데 음습한 곳으로 쫓겨 들어가 겨우 한다는 소리가 '나도 남자다.' 라는 처량한 한마디를 부르짖고 있으니 말이다.

이것이 지금 대다수 남자들의 처지가 아닐까 싶다. 빛나는 노란 눈동자와 고집스런 눈과 뿔, 높고 붉은 벼슬과 강한 발톱의 위엄은 전설이 되었다. 수컷으로서의 위용은 흔적조차 찾아보기 어려워져, 아내와 아이들의 눈치 보기에 급급한 허약하고 졸렬한 남자가 되었다.

성姓도 다른 사람이 단신으로 남의 집에 들어와 곳간의 열쇠와 집안의 주도권을 잡고 결국은 남편과 아이들을 수하로 두면서도 눈 하나 깜빡하지 않는 사람이 여자다. 죽어라고 돈을 벌어다 주면서도 쥐꼬리만 한 용돈에 감사하는 게 남자고 한 푼도 벌어오지 않으면서도 경제적 결정권을 가진 것이 여자다. 그러니 여자는 무섭다.

그래도 남자는 큰 틀을 보는 눈이 있어 돌아가는 판세의 불리함을 알고 은인자중하고 있다. 가끔은 호시절이 그리워 분통이 터질라 치면 소주 두어 병, 마시고 고래고래 고함을 지르고 싶고, 잠든 마누라 깨워 밥 달라는 만용이라도 부리고 싶다. 비록, 오늘 저녁이 스피노자가 말한 사과나무를 심는 날이 될지라도 말이다.

그래도 우리는 남자고, 그대들은 여자다.

삼복 일기

통상적으로 일 년은 삼백예순 다섯 날이라 하고(아닌 날도 있으므로)그걸 열 두 달로 나누고 또 쪼개어 한 달을 이십 칠팔일에서 삼십일일까지 토막을 냈다. 거기다 일 년을 48주로 나누고 사계절로 분류하여 골격을 만드니 봄은 언제 여름은 언제라 하는 셈을 쉽게 가늠하게 되었다.

거기서 머무르지 않고 또 24절기로 나누니 일 년은 24절기가 된다. 그래서 24절기는 농사에 지대한 영향을 끼칠 수 있다는 농자지대본의 정신을 이어받아 족보를 가지게 되었다. 그래서 춥고 덥고 파종을 할 시기고 얼음이 얼고 개구리가 나오고 밤이 길고 해가 몇 시에 지는지 따위를 광범위하게 알 수 있게 되었다.

그런데 그 24절기의 족보에 들지도 못하는 놈이 요란을 떨고 유명 행세를 하는데 바로 삼복이란 놈들이다. 원래 족보에 못 드는 놈은 있어도 그만 없어도 그만인 놈이거나 결격사유가 있는 법이다. 왜 '상놈에게 완장을 채워주면 안하무인이 된다.' 는 말도 있지 않은가. 이 삼복에 행해지는 짓거리들은 상놈 완장 찬 것보다 더했으면 더했지 결코 모자라지 않다. 악행도 이런 악행은 쉬 찾기 어려운 일이다.

게르만족들이 유태인을 학살할 때도 날짜를 정해놓고 살육을 하지 않았을 것인데 유독 복날이 되면 산천을 뒤흔들 만큼 수많은 목숨이 비명을 지르며 저 세상으로 간다. 모르긴 해도 서양의 추수감사절에 칠면조의 살육과 자웅을 가리기 어려울 정도로 어금버금일 것이다.

무던히 초복 중복을 잘 넘기던 닭과 오리도 말복에 이르러서는 살아도 산목숨이 아니다. 아무리 덥고 지쳐도 주인의 눈 밖에 나는 행동을 절대로 해서는 안 되고 신경을 거슬리게 해서도 안 된다. 특히 늦은 밤이나 너무 이른 새벽에 울어서 주인의 잠을 깨운다든가 심기를 건드리면 마지막 고비인 말복을 넘기기 어렵다. 가능하면 주인의 눈에 뜨이지 않는 게 가장 좋은 방법인데 살이 통통하게 쪄 주인의 식욕을 발동시켜도 안 되고 경거망동으로 눈 밖에 나는 괘심 죄에 걸려도 안 된다.

이때는 오로지 주인의 기분에 의해 생사가 결정되는데 닭오리를 비롯하여 복날 음식의 주재료가 되는 동물들의 선택권은 전무하다는 것이 비극의 시작이다. 오로지 피동적으로 선택에서 벗어나는 일이 최고로 호신하는 길이요, 좀 더 생을 지속하는 길이다. 앞에도 이야기 했듯이 복날은 무식한 머슴이 완장차고 설치는 꼴이나 다름없는 살벌한 날이다. 생사여탈권은 주인과 그의 권속에 있고 삼복은 그들에게 저승사자를 만나는 일과 진배없는 생사의 갈림 길이다.

그 중에서 가장 비참한 놈이 똥개인데, 태생에서부터 죽음의 그늘이 따라다니는 놈들이다. 이름부터 초복이, 중복이, 말복이라 이름 짓고 은연중에 생일이 곧 사망일이 될 것 이라는 암시를 주는 것이니 비록 당자들은 모른다하더라도 얼마나 잔인한 행위냐 말이다. 이런 경우 개 팔자 상팔자란 말은 순 거짓인 셈이다.

멀쩡히 집 잘 지키는 복실이를 나무에 목을 매달아 사정없이 두들겨 패니 황망한 가운데도 눈에 퍼런 불을 켜고 독기를 부리고 발버둥 쳤다. 어느 순간 자기를 죽이려는 이가 꼬리를 흔들며 반기던 자기 집 주인임을 알자 맥이 풀렸다. 더 이상 저항할 힘을 잃고 동공이 풀리고 혀를 빼물고 죽어갔다.

기왕에 잡을 거면 남의 손을 빌리던지 아니면 소리 소문 없이 고통 없이 가게 하는 방법도 있으련만 온 동네가 떠나갈듯 비명을 지르게 하고 독을 오를 대로 올려 잡아먹으니 방법치고는 보통 잔인한 방법이 아니다.

더욱 가관인 것은 '개는 두들겨 잡아야 맛이 좋다.' 고 소문을 퍼뜨리니 복날에 몽둥이에 맞아 고통스럽게 울부짖으며 숨이 끊어지는 개들의 수효는 헤아릴 수 없을 만큼 많다. 두들겨야 맛 난다고 눈에 불을 켜는 놈을 패 죽이고, 살이 통통하게 올라 알 잘 낳는 놈의 모가지를 비틀어 끓는 물에 넣고 털을 뽑으니 비극도 이런 비극은 눈 뜨고 도저히 보기 어려운 참상이다.

특히 개와 사람은 역사이래로 가장 오랜 동안 정이라는 감정을 교류하는 사이고 만나면 언제든 살갑게 꼬리를 흔들어 주고 다독여 주는 사이다. 닭이나 오리가 가축이라는 이름으로 불려도 개와의 관계처럼 꼬리를 흔들며 주인을 반갑게 맞이하지 않는다. 또 낯선 사람이 무단으로 침입할 때에 목숨을 반 쯤 걸고 무서운 기세로 덤벼드는 일 따위도 없다. 그래서 닭과 오리는 개와는 아주 다른 영역에서 인간과의 관계가 정립된다. 어쨌든 개는 인간과 큰 교감을 할 수 있는 관계이고 동물 중에서도 인간과 가장 친숙한 사이다.

그러나 그런 친숙함과는 별개로 삼복이 다가오면 가장 먼저 살생부에 오르는 것이 개다. 이것은 '친숙함은 친숙함이고 먹는 것은 먹는 것이라' 는 것에서 출발한다. '공과 사' 아니 '이익과 효율' 이라는 측면에서 서양에서 말하는 '비지니스 이즈 비즈니

스' 란 것과 상통한다 할 것이다. 이것은 인간이 지닌 한계일 수도 있고 이중성이라고도 할 수 있겠다.

가축이란 예비 식량으로 '길러서 잡아먹는다.' 가 전제된다면 방법이 없다. 인간과 가장 크고 진한 감정을 교류하는 개 조차도 이 범주를 넘지 못한다는 것이고 먹는 것 앞에는 감정적 교류정도는 무용이라는 뜻도 된다.

가장 위험한 날은 삼복이지만 그날뿐 만아니라 위험은 언제 어디서든 도사리고 있다. 한마디로 경중의 차이만 있을 뿐 주인의 마음먹기에 따라 생사여탈이 언제든 결정되는 것은 매일반이다.

죽지 않으려 고통스럽게 비명을 질러대는 개도, 잠시잠깐의 이성적 감정적 사고의 불편함이 푸짐한 고기를 만든다는 사실을 아는 인간도 공히 불쌍한 중생일 뿐이다.

잡아먹는 자도 먹히는 자도 슬픈 짐승일 뿐일 것이므로.

고양이 비비

낯익은 앨범이 식탁위에 놓여 있다. 아내가 며칠 전부터 앨범은 부피가 너무 커서 공간을 많이 차지한다고 했다. 정리하면서 사진만 따로 빼어 보관하고 앨범을 버리려다 하나를 남겨두었다. 무심코 앨범을 열어보았다. 중간쯤에 흐릿한 고양이 사진 하나가 보였는데, 단박에 두 번째 비비라는 걸 알았다.

나의 머리에 존재하는 최초의 고양이는 살찐이다. 작은 할아버지 댁에서 기르던 고양이 이름이었는데, 동네에 거의 모든 고양이를 부를 때는 살찐이라고 불렀다. 동네 개 열 마리 중 예닐곱은 독구나 매리였던 것과 같은 맥락이었던 것이다.

동네 사람들은 앙칼진 고양이 보다는 무던한 개를 선호하였다. 도둑을 지키는 데에는 개가 나았고, 또 어느 정도 크면 팔아서 살림에 보탬을 할 수 있었기 때문이다. 드문드문 고양이를 키우는 집이 있기는 했지만 고양이가 좋아서기보다는 곳간의 양식을 쥐에게 도둑맞지 않으려는 생각 때문이었다.

어쨌거나 고양이는 쥐를 잡아 주긴 했지만 사고팔거나 돈으로 계산될 수 있는 부분이 거의 없었기 때문에 별로 대접을 받을 수 있는 동물이 아니었다. 겨우 곳간의 도둑을 지켜주고 주인의 관심을 받는 정도였는데, 살찐이는 쥐를 잡아먹는 일도 드물었지만, 독구처럼 밖에서 자지도 않았다. 한마디로 할아버지의 지극한 보살핌을 받았기 때문이었다. 어른 체면에 안고 어르고는 하지 않았지만 할아버지의 충분한 관심과 사랑을 받았다.

새끼 고양이를 얻어 오면 제일 먼저 하는 일이 꼬리의 끝부분을 자르는 일이었다. 이유는 사각반상의 높이가 어른의 배와 가슴정도의 높인데 고양이가 밥상 밑으로 가거나 옆으로 지날 때면 몸체는 보이지 않고 꼬리만 보이는데 끝부분의 손가락 한 마디 쯤은 따로 노는 것이어서 사람들은 그 모양이 요망하다하여 잘라버렸다. 살찐이는 할아버지의 비호로 그런 화도 피해갔다.

요즘과는 달리 사람과 짐승의 차이가 극명하던 때인데도 밥 때가 되면 살찐이는 야옹 소리를 내며 상 옆으로 꼬리가 왔다 갔다 했고 꼬리 끝부분은 요상하게 흔들며 우리의 시선을 빼앗았다.

이십대 후반일 때다. 내 방은 시장 통 연립주택 다락방이었는데 밤새 새끼 고양이의 울음 때문에 잠을 설쳤다. 다음날 이른 아침, 고양이 소리가 났던 곳을 찾아 아직 장사를 시작하지 않은 생선 좌판을 뒤져서 재색 얼룩무늬 고양이 한 마리를 발견했다. 밤새도록 울어도 어미가 찾지 않았으니 필유곡절로 버려진 것이라 여겨 집으로 안고 왔다. 고양이가 너무 어려 스포이트를 사서 우유를 먹이려다가 혹시나 싶어 작은 접시에 우유를 주니 먹질 못했다. 그래서 주둥이를 우유에 담그자 그때서야 겨우 핥아 먹기 시작했다.

고양이의 이름을 비비라 지었다. 할아버지처럼 깊은 사랑은 못 주었지만 안고 쓰다듬고 예뻐해 주었더니 나를 곧잘 따랐다. 그러나 가족들이 고양이를 별로 달가워하지 않자 바깥으로 돌았으며 내가 저녁에 집으로 돌아오면 귀신처럼 알고 야옹소리를 내며 달려왔다. 내가 집에 있는 날은 한시도 나를 떠나지 않고 내 주위를 맴돌며 볼을 무릎이나 팔에 비비며 친밀감을 표시했다. 비비가 제법 커지자 슬레이트 지붕이 녀석의 이동 경로가 되었는데, 낡은 슬레이트 지붕 위를 풀쩍풀쩍 뛰며 자기를 싫어하는 사람들을 피해 다락방 자그만 창문으로 드나들었다. 가끔은 내가 인식하지 못한 상황에서 비비가 나를 졸졸 따라다녀서 어머니는 아들 따라간다며 놀리시곤 했다.

그 시절 해외로 나가는 일은 상당히 어려웠다. 단식여권이니 복수여권이니 하던 때여서 해외여행은 물론이고 해외로 달러 유출을 막기 위해 결사적인 때였다. 여러 난관이 있었지만 초청장이 두어 번이나 고쳐서 오가고서야 운 좋게 삼년짜리 워킹비자를 얻을 수 있었다. 출국준비로 외출이 잦아지고 귀가하지 못하는 날이 잦아지자 비비는 다락방 창 앞에서 나를 기다리다 쓸쓸히 발걸음을 돌리곤 했다.

출국하기 위해 서울로 떠나기 전날, 비비는 유독 볼을 많이 비비며 나의 곁에서 떨어지지 않으려 했다. 고양이는 영물이라 했으니 아마도 이별의 어떤 느낌을 받지 않았을까 싶다.

늦은 겨울, 커다란 가방에 이별의 보상이라도 되는 듯 많은 물건들을 담아 비행기에 올랐다. 비비가 찾아오면 먹을 것을 꼭 주라는 신신당부를 하고 말이다.

낯선 땅, 낯선 문화는 사람을 정신없게 했다. 1년 여의 시간이 지나고 휴가를 얻어 집에 돌아왔을 때 가족들은 나에게 비비 소식을 전해주었다. 내가 떠난 다음날부터 비비는 다락방 창가를 서성이다가 해가지면 슬픈 소리를 내다가 돌아가고는 했다. 가족들이 먹을 것을 주어도 거들떠보지도 않고, 한 달여를 다락방 창 밑에서 기다리다가 내가 돌아오지 않자 어느 날부터 오지 않았다. 그 후로는 어디에서도 비비의 모습을 발견할 수 없었다는 이야기였다. 처음으로 정을 준 사람을 잊지 못하고 멀리 출타한 나를 기다리며 쓸쓸해했을 비비 생각하자 콧날이 찡해 왔다. 어쩌면 이 세상에서 자기를 지켜줄 사람은 오직 나라고 생각하진 않았을까.

휴가를 마치고 다시 비행기를 탔다. 탐이든가 윌리엄이든가 기억에도 없는 이웃에 살던 이의 집에 고양이가 새끼를 낳았는데, 무정한 주인은 사료 값 때문에 눈도 못 뜬 고양이를 나무 아래에 버렸다. 선하게 생긴 얼굴과는 다르게 생명에 대한 외경이 없는 사람이었다. '내가 키워도 되느냐고 묻자' 그 양반은 쓸데없는 짓을 한다는 표정과 함께 마음대로 하라며 어깨를 으쓱해 보였다. 낳자마자 버린 것이라 최선을 다해 살리려 했지만, 세 마리 중 두 마리는 죽고 수컷 한 마리만 살렸다. 이름을 또 비비라 지었다. 고국에 두고 온 비비를 생각해 마음이 짠해 지은 것인데 공교롭게도 같은 색깔의 얼룩무늬였다.

전에 키우던 비비는 거의 밥 먹을 때나 다른 사람이 없을 때만 나에게 왔지만 이 녀석은 나와 같은 침대에서 먹고 잤다. 고국의 비비만큼의 애틋한 정은 없었다. 그러나 살갑게 구는 구석이 있어서 강아지처럼 나를 아주 잘 따라다녔다.

그러던 어느 날, 내가 외출한 사이에 파충류를 잡아서 장난을 치며 피를 사방에 묻혀 놓아서 야단을 쳤더니 다시는 나타나지 않았다. 심하게 야단친 것은 미안하였으나 그 동안에 쏟은 정도 모르는 놈이라 여겨 서운한 감정도 없지 않았다. 허전한 마음과 안타까운 마음이 교차했지만, 이내 고양이마저도 우리나라 고양이와는 다른 모양이라 생각하고 마음을 접었다. 그 후로 두 번째 비비는 다시는 나타나지 않았음은 물론이다.

고양이를 생각하면 작은할아버지가 생각나고 살찐이가 생각나고 비비가 생각난다. 기복 없는 무던한 사랑을 많이 주신 할아버지와는 달리 나는 무던하지 못하고 또 끝없는 사랑을 주지 못하였기에 두 마리의 고양이와의 인연이 끝까지 가지 못했다.

이제 작은 할아버지도 고양이도 가고 없지만, 고양이를 좋아하셨던 할아버지의 후사를 내가 이었으니 고양이를 좋아하는 연줄도 이어진 셈인가 싶다. 이제 나도 무던한 마음 씀씀이만 가질 수 있다면 세 번째 비비를 만날 수 있을 것도 같다.

시력

올여름부터 눈의 초점이 흐려지기 시작했다. 주변의 지인이나 친구들이 돋보기를 쓴다느니 신문을 못 읽는다고 하였을 때도 나는 예외인 줄 알았다. 나는 초등학교 저학년 때부터 시력이 아주 좋았고 크게 눈이 아프거나 장애가 있지 않았기 때문이다.

초등학교 때 시력이 2.0이었으니 나름으로는 자만할 이유도 있었던 셈이다. 안경을 가까이 한 적 없고 마흔이 넘어서까지도 1.2 정도의 시력을 가졌으니 자신감이 넘쳐 자만할 만도 하지 않았겠는가. 그런데 무덥던 올 여름부터 초점이 흐려지기 시작하더니 단번에 무엇을 볼 수 없고 당겼다 밀었다 해야 겨우 초점을 맞출 수 있었다. 남의 이야기로만 알았던 노안이라는 것이 나에게도 오고야 만 것이다. 마치 못 올 것이 오기라도 한 듯이 거부하고 인정하려 하지 않았지만 이미 와버린 것을 되돌릴 수는 없는 것이다. 이리저리 초점을 맞추려 밀고 당기는 모습을 보고 누군가 한마디로라도 아는 체를 하면 표정은 덤덤히 하면서도 속앓이를 했다.

나는 남들과 다를 것이란 생각을 한 적이 있었다. 비슷한 연배들이 시력이 나빠졌다는 이야기를 하면 남의 일인 줄 알고 살았다. 적어도 관리를 잘못했거나 선천적으로 약하게 타고 났으니 '그럴 것이다' 하고 은연중에 믿고 있었다.

스무 살 무렵부터 사랑니가 자라다가 멈추기를 반복하더니 서른 살 무렵에 염증이 생겨서 발치하러 갔더니 의사가 이렇게 말했다. 당신의 이는 선천적으로 타고난 강치剛齒여서 벌레가 잘 먹지 않는 다는 것이었다. 그 말을 듣고 치아와 눈은 유전이 많이 되는 것이었으므로 나는 별로 신경을 안 써도 되겠구나하는 잘못된 상식을 굳히게 되었지 싶다.

대개 눈이 나쁜 아이들의 부모들은 안경을 쓴다. 그런데 우리 가족 중에는 특별히 눈이 나빠서 안경을 쓰는 사람이 없었으니 더욱 잘못된 믿음이 깊어질 수밖에 없었지 않았나 싶다. 그랬던 것이 어느 날 사건으로부터 나만 다르다는 생각을 완전히 버리게 되었는데 세월이 비켜가는 사람은 아무도 없다는 말이 딱 맞아떨어진 것이다.

잠을 자다 손톱이 화끈 거려서 일어나서 앉게 되었다. 불을 켜고는 손톱을 확인하려는데 뿌옇게 안개가 낀 것 같이 잘 보이지 않았다. 다른 손가락으로 더듬어 보니 분명히 생살과는 다른 촉감이 느껴졌다. 다시 확인하려 했지만 뿌연 현상은 여전했다. 그때까지도 나는 자다가 일어나서 일시적으로 뿌옇게 보이는 현상이라 생각했다. 눈을 오래 감고 있다가 눈을 뜨면 흐릿하게 보이는 것처럼 말이다. 아침에 일어나면 틀림없이 말짱할 것이라 짐작하고 별다른 생각 없이 잠을 잤다.

아침에 일어나자 다시 이물감이 느껴졌고 그때서야 어제 밤에 일을 기억해 내고 찬찬히 손을 살펴보려했으나 눈은 여전히 흐릿했다. 눈곱이 끼어 그런가 싶어 세수를 하고 나서 다시 살펴보았으나 마찬가지였다. 가슴이 철렁했다. 아차, 무엇인가 내 시력에 이상이 생겼구나 싶었다. 그러나 당장 급한 손가락을 살피기 위해 손톱 깎기를 들고 까칠한 엄지손가락 주위를 더듬으며 이리저리 살펴보려 했으나 초점이 잡히지 않았다.

불을 밝게 하고 위치를 이리저리 바꿔보고 손을 전후좌우로 돌리자 겨우 초점이 맞춰졌다. 엄지손가락 손톱 옆에는 무엇에 찔렸는지 누렇게 고름이 잡혀 있었다. 그래서 밤사이에 손가락이 화끈거리고 아렸던 모양이었다. 아픈 것은 대수롭지 않게 넘어갈 수 있었지만 노안이 왔다는 사실은 인정하고 싶지 않았다. 마치 노안이 라고 인정하지 않으면 노안이 아닌 것이 되기라도 하는 것처럼 말이다. 할 수만 있다면 거부하고 인정하고 싶지 않은 꺼림직한 것이었다.

친구나 지인들이 '이젠 노안이 왔는지 초점이 흐릿하다.' 는 이야기에도 어리석게도 나와는 상관없는 일로 여기고 한쪽귀로 듣고 흘려버렸다. 그들의 안타까움을 마음으로 다독여주지 못하고 건성으로 대하였다. 나에게는 먼 이야기로 알았기에 말이다.

순리에 맞게 사는 것이 좋은 것이고 순리를 거스르는 것은 결코 좋은 것이 못 된다는 말을 입에 달고 살면서도 정작 나의 마음은 그게 아니었던 모양이다. 나이가 들어 노안이 오는 것도 순리인데 아직 안경을 쓸 정도가 아니라고 자만하다가 느닷없이 허를 찔린 것이다.

세월은 누구에게나 요구하는 것이 있다. 태어나면서 미숙한 것을 발달시켜 강건하게 하고 부족한 것을 보충하여 제 모습을 가지게 하는 자연의 법칙이다. 이것은 누구에게나 적용되는데 다만, 동시에 오지 않고 시차를 두고 온다는 차이가 있을 뿐이다.

건강은 과신하는 것이 아니라 했다. 내 마음속에 시력에 대한 과신 혹은 맹신이 오히려 노안을 부추긴 것은 아닌지 모르겠고, 나의 자신감이 타인에게 상처를 주지는 않았는지 반성해본다.

영역욕

깊은 밤의 정적을 깨고 서슬 퍼런 목소리로 새벽을 알리는 놈이 있다. 장닭 혹은 수탉이라 부르는 것들이다. 이놈들은 멋진 생김새만큼이나 영역 욕이 강해서 자기의 영역을 굳건히 지킬 줄 알며 암탉들을 통솔하고 보호하는 능력도 탁월하다. 일부다처의 표본처럼 보이는 이놈들의 기세는 너무도 대단하고 대담하다. 영역과 식솔에 대한 확고한 자주의지가 있어서 자기 영역에 들어온 낯선 동물들은 물론이거니와 때론 사람에게까지 공격을 마다하지 않는 대담성을 가지고 있다.

수탉 한 마리가 여러 마리의 암탉을 거느리기 때문에 서열 1위를 제외한 수탉들은 힘을 잃는다. 그들은 수탉의 본성을 나타낼 수 없고, 암탉의 부근을 서성거려서도 안 된다. 만약 그 묵계의 서열을 어기고 대장의 여인들을 탐하거나 유혹하였을 때에는 대략 두 가지의 방법이 있다.

대장 수탉의 눈에 보이지 않는 곳으로 도망가서 숨어서 사는 방법과 일인자인 대장 닭과 싸워서 일인자가 되는 것이다. 그 방법이 아니라면 무리 속에서 온전히 제자리를 갖기는 힘들어진다. 가끔 길 잃은 낯선 닭이 대장의 영역에 들어왔을 때 어떻게 되는지 보면 얼마나 냉정한 생존의 법칙이 적용되는지를 확실히 알 수 있다.

닭싸움을 본적이 있는가. 살기등등한 눈빛과 긴 목의 상단에 윤기 흐르는 붉은 빛 깃털을 우산 펴듯 곧추세우고 상대를 노려보면 섬뜩함에 오금이 저려온다. 상대를 노려보며 주위를 돌다가 대적상대의 힘을 가늠하고 빈틈을 찾아 어느 순간 푸드득 소리와 함께 날아오르면, 독수리나 매의 기상에 뒤지지 않는다. 상대도 기선을 제압당하지 않으려 날쌔게 날아올라 두어 번 엎치락뒤치락 하다보면 어느새 볏을 타고 붉은 피가 땅에 뚝뚝 떨어진다.

수탉은 겁이 없다. 비록 독수리나 매의 날카로운 부리나 발톱보다는 못한 것을 가졌어도 용감성은 그들을 능가한다. 닭들의 가장 큰 무기는 날카로운 부리와 갈고리 같이 생긴 발톱이다. 강력하고 날카로운 부리는 볏과 몸통을 사정없이 쪼아서 피투성이로 만들고 발톱은 상대가 저항할 수 없는 상태가 될 때까지 상대를 제압하고 누르는 수단이 된다. 또 승패가 가려지면 승자는 오만하게 패자를 등을 밟고 올라가 승리자의 위용을 뽐낸다.

오래전 필리핀에서 닭싸움 구경 한적 있다. 투계가 얼마나 대중화되었던지 매주 전문 투계장에서 경기가 열렸는데 거의 온종일에 걸쳐서 닭싸움이 계속됐다. 불과 일 이분 사이에 닭들이 불구가 되거나 죽어서 나갔는데 어느 누구도 측은하게 여기는 이가 없어 보였다. 안타까워하는 이들이 있다면 패한 닭의 주인들이 있었을 뿐이다. 그러나 그들도 생명의 외경이 있는 것이 아니라 싸움에 진 것으로 말미암아 생기는 금전적 손실 때문인 것 같았다. 미물이기는 하지만 닭도 생명이라는 것을 잊어버린 모양이었다.

자연적인 방법의 닭싸움에서 패하면 웅크리거나 도망을 하기 때문에 깃털이 뽑히거나 몸의 어느 한군데가 상하고 마는 정도다. 그러나 투계장에서의 싸움 방식이란 단순히 이기고 지는 것이 아니라 생과 사를 넘나드는 것이다. 이들에게서 부리는 상처를 주는 도구에 불과했고 발에는 아주 예리한 반달모형의 크고 긴 칼날을 달아서 싸움을 시킨다. 두어 번 날아오르다 보면 어느 한쪽이 피를 흘리며 붉은 꽃이 지듯 쓰러지는 것이다. 자연적인 방식이라면 아무리 치열한 싸움이더라도 그렇게 허무하게 죽지 않는다. 사람들의 잘못된 간섭과 볼거리악습은 그들의 생명을 담보로 유흥을 즐기는 게임이다.

순리에 순응하는 것은 자연에 맡겨두는 것이다. 인위적인 일체의 간섭을 허용하지 않는 무위자연이라는 말도 있지 않던가. 닭들의 영역을 인간의 이기로 생명의 본바탕을 송두리째 뒤흔드는 것은 결코 좋은 방법이라고 할 수 없다. 사람도 닭도 영역을 지키며 제자리에 있을 때 빛나지 싶다.

동 트는 새벽녘에 수탉은 먹이 활동을 하는 대신 높은 곳에 올라간다. 자신에 찬 '꼬끼오' 란 소리로 자신의 영역을 만천하에 알리고 식솔들을 위해 번을 선다. 그 모습은 결의에 찬 전사의 모습을 닮았고, 늠름하고도 멋지다. 추오의 의심 없이 가장으로서 임무를 다하고 있는 것이기 때문이다.

사람이든 닭이든 제 영역을 지키고 가꾸면서 살아가고 그에 합당한 대비를 하는 것을 탓할 수 없다. 세상의 어떤 가치도 목숨 위의 존재하는 것은 없고 그것을 지키려는 영토욕은 곧 생명을 지키는 일이다. 닭들에게 생명활동을 위한 최소의 영역이외의 것은 필요하지도 관심도 갖지 않는다. 그들의 영역욕은 최소한의 생명을 유지시키려는 울타리에 불과하다.

그런데 인간의 탐욕은 어디 그런가. 죽을 때까지 써도 다 못 쓰는 돈을 가지고도 더 많이 가지기를 원한다. 또 더 이상의 땅이 필요 없는 넓은 영역을 가지고서도 더 많이 가지려고 잔인하게 상대를 짓밟지 않는가.

욕심으로 만드는 허상과 이기의 울타리만 칠 것이 아니라 생존을 위한 최소의 것만으로 만족하는 법을 배워야겠다. 생존의 터전을 지키기 위해 하는 싸움과 사람들의 호기심 충족을 위해 칼로 상대를 죽이는 것이 다른 것처럼 말이다.

세상은 이미 포화상태이고 더구나 도시로의 집중은 본래의 영역습성대로 살기 어려운 세상이 되었다. 본능을 줄이는 방법만이 상생하고 공존 할 수 있는 최소한의 요건이 아닌가 싶다.

그럼에도 불구하고 무소불위의 권력으로 날개를 퍼덕이며 홰를 치던 수탉의 기운찬 소리가 그리운 것은 무슨 까닭일까.

제자리

한 치 앞도 못 보는 것이 사람이라 했다. 국제금융의 구제를 받았던 때에도 별무리가 없었던 자그마한 일이 불황의 여파로 점차 어려워지고 있었다. 또한 미래를 위한 타개책으로 새로운 투자를 하였는데, 이것도 썩 좋은 투자가 아니어서 생계에 위협을 받게 되었다. 수입 자체만으로는 그리 문제가 아니었으나 시설 투자비의 이자와 부차적인 것들이 한꺼번에 겹쳐지자 문제가 커져버렸다.

집을 담보로 대출한 것이 '억, 억' 소리가 났고, 이곳저곳 가져다 쓴 돈을 합치자 순식간에 홍수나 듯 빚이 불어나 있었다. 정신을 가다듬고 수입에 맞춰 지출을 줄이려 했으나 워낙 절약하며 사는 처지라 그것도 별 뾰족한 대책이 되지 못했다. 그러다 가장만 믿고 있다가는 '안 되겠다' 싶은 위기감을 느꼈던지 아내는 분연히 일어섰다.

우선 처녀 때에 종합병원 신생아실에서 근무한 경력을 내세웠다. 그리고는 아는 사람을 통하여 병원 쪽으로 알아보았으나, 늦둥이 때문에 시간과 조건이 맞지 않았다. 거기다 '이제는 쉬어야 할 나이' 라는 듣지 않아도 좋을 말도 덤으로 얻었다. 40대 후반이라는 나이가 위력을 발휘한 것이다.

이에 질세라 아내는 새로운 방법을 모색하였는데, 집에서 아이를 보는 일이었다. 아내는 두 서 너 명만 보아도 아쉬운 대로 계산이 나온다고 흥분하고 있었지만, 세상은 의욕만으로 되는 일은 없는 법이다. 옆에서 보고 있던 나는 안타까우면서도 세상이 그리 만만하지는 않다는 사실을 알았으므로 고개를 갸웃거렸다.

우리가 어려우면 남도 어렵다. 그것은 특별하게 선택되어진 사람이 아니라는 방증이고 보통의 평균치의 삶이라는 자위 같은 것이었다. 간단하게 생각했던 아이 돌보기도 맡기는 사람이 없어 실패하자 아내는 이내 삼겹살집으로 용감히 발길을 돌렸다.

세상에 만만한 게 있을까. 결혼 후 한 번도 바깥일을 해보지 않았으니 말이다. 억지로 채우듯 한 달 여를 다녔으나 아이 유치원비를 내고 나자 수중에 남는 것이 없다는 사실을 알았다. 이즈음에서 아내는 당황한 듯하다. 아무리 세상물정을 몰라도 산수 실력은 건재했으니 말이다.

위기가 만들어준 용기는 실로 대단한 것이었다. 삼겹살집이 돈을 번다며 궁리를 하다가 여의치 않자. 몇 몇 일을 조사하고 고민하는 것 같더니 포장마차를 하겠다고 나섰다. 무엇이든 직접 하는 것이 수익측면에서도 좋고, 노하우도 얻을 수 있다며 그것을 빨리 생각하지 못한 자신을 책망하는 듯도 했다. 나라고 사회적 체면이 없을까마는 가장으로서의 책임감이 더 중요한 것이었으므로 반대만 할 수는 없는 것이었다.

백 만 원에서 이백 만원 사이의 투자로 포장마차는 완성되었다. 오로지 성공만이 있을 것 같은 사기충천한 아내의 모습에 어느새 나도 동조자가 되고 있었다. 그러나 아내는 출전을 하루 앞두고 도저히 못하겠다고 폭탄선언을 했다. 가정의 위난 앞에 의욕을 앞세웠지만 차분히 생각해 보니, 보통 일이 아니었으며 엄두가 나지 않았던 것이다.

그 후에도 점포를 알아본다며 수십 번의 답사를 하다가, 남의 가게 앞터를 빌리기도 했다. 적지 않은 돈을 선납으로 내고는 시작조차 못하고 이것 역시 미수에 그치고 말았다. 공연히 헛웃음이 났다. 잠시 동안 가장으로서의 본분을 망각하고 책임전가를 획책했던 나의 나약함에 대한 실소였던 것이었다.

자기가 할 일을 알고, 있어야 할 자리에 있는 것이 분수를 지키는 일이다. 처음 아내가 포장마차를 하려고 했을 때, 선뜻 동조하지 못한 것은 포장마차에서 아내가 조막손 아이들에게 떡볶이를 팔려했던 것이 부끄러워서가 아니다. 동가홍상이라고 기왕에 일을 하려거든 힘들지 않고 멋진 일을 가졌으면 했다. 그것으로 아내를 직업전선으로 내 몬, 나의 부끄러움을 반감시키려는 얄팍한 생각이 작용하였는지도 모르겠다.

한바탕의 바람은 허무 개그처럼 끝이 났으며, 그것은 우리가정의 경제위기 대책은 실패로 끝이 났다는 것을 의미했다. 다행이라면 유산으로 받은 얼마간의 땅이 경주에 있어서 부동산에 매물로 내놓고, 위기는 오히려 기회라는 말을 곱씹고 있다.

제자리를 찾는다는 것은 '답다' 는 것이고 분수를 지키는 일이다. 제 자리를 바로 알고 있어야할 자리에 머물 수 있으면 얼마나 좋을까. 사람에게는 미리 정해진 자리가 없기 때문에 시행착오를 겪는 것이고, 더 한 불행이라면 세상은 그리 공평하지도 노력하면 다 되는 것도 아니기 때문이다.

어쨌거나 우리 아파트 주차장에는 빨간 지붕이 달린 포장마차가 새 주인을 찾고 있다.

참기름

나는 참기름을 참 좋아한다. 나물이나 냉채 혹은 비빔밥에 넣어 먹는 것만이 아니라 숟가락에 부어서 먹기도 하고 심지어 소량을 홀짝홀짝 마시기도 한다.

가족들은 비위도 약한 내가 참기름을 맛있게 먹는 모양을 보고 마치 자기들이 느끼한 것을 먹은 것 같은 표정을 한다. 하지만 나는 어릴 때부터 먹어 온 터라 조금도 개의치 않고 없어서 못 먹지 하는 표정으로 달고 맛나게 먹는다.

참기름은 푸른 기름병에 들어야 제격인데, 뚜껑도 잡히는 대로 아무 종이로나 말아서 끼워 놓은 것에 정감이 간다. 참기름 병은 숨길 수가 없다. 부엌 어디에다 두어도 향긋한 냄새를 숨길 수 없기 때문이다.

참기름 뚜껑을 열면 코가 절로 병 쪽으로 갈 수밖에 없다. 세상의 아름답고 풍요한 것을 모두 모아다가 볶아서 짠 것 같은 냄새가 나기 때문이다. 뚜껑을 열고 병을 이리저리 위치를 바꾸어 가며 냄새를 맡는다. 언제 맡아도 향이 변함없다. 허실없이 꽉 차고 꾸밈없이 무던히 좋은 사람의 향내 같다.

홀짝하고 입안에 넣으면 혀끝을 간질이는 부드럽고 둥근 맛은 있으나 고소한 맛과 느낌은 알 수 없다. 잠시의 틈을 두고 조심스럽게 꿀꺽하고 목을 넘기면 비로소 특유의 고소한 맛과 향이 나는 것이다.

기브 엔 테이크라는 말이 있다. 주는 게 있으면 받는 것이 있단 말인데 역으로 생각하면 받았으면 주라는 의미도 된다. 나에게는 이 말은 공짜로 받기만 할 것이 아니라 받았으면 '줄줄도 알라.' 는 일침의 소리로 들린다. 도둑이 제 발 저리다고 나에게 딱 맞는 가슴이 뜨끔해지는 말이어서 얼굴이 붉어지는 것을 숨길 수 없다.

몇 년 전에 전라도 비금도가 고향인 지인이 명절 끝에 참기름을 선물해 왔다. 원체 내가 참기름을 좋아하니 참기름 자체만으로도 좋았지만 소주병에 넣어서 가져온 것이어서 더욱 좋았다. 구식인지는 몰라도 나의 의식 속에 참기름은 아무래도 도시의 세련미와는 어울리지 않는다는 생각을 해본다. 남도에서 부산까지의 거리도 만만찮거니와 뱃길 또한 만만찮을 것인데 얼마나 조심하며 가져왔을까 생각하니 더욱 소중해졌다.

염전을 하시는 부모님이 농사를 지어서 짠 귀한 것일 게 분명하고, 그래서 타지에서 고생하는 아들내외와 손자손녀를 생각했을 것이다. 당신 먹기도 아까워 깊이 숨겨놓았다가 주신 것을 내게로 가져 온 것이 아닐까 짐작해 보았다. 그래서 더욱 귀하고 마음 뿌듯한 선물이었는데 염치없게도 파란 병의 참기름에 혹하여 고맙게 먹겠다는 말 한마디로 염치 좋게 손을 내밀었다.

부엌 시렁 위에 놓인 참기름은 참 귀한 것이었다. 가격도 만만찮은 것이었지만 현물로도 양이 많지 않아 극히 제한 적으로 쓰였다. 큰 골 입구에는 깨밭이 있었고 참깨와 들깨를 나란히 심었다. 특별히 거름도 필요치 않은 것 같았는데 해마다 농사가 잘되었다. 그러나 늦가을부터 다음 가을이 올 때까지 일정한 양을 내는 화수분이라도 되는 양, 참기름은 언제나 한 병 남짓만 있었다. 그나마 들기름은 좀 여유가 있었는데 아마도 비싼 깨를 팔아 넉넉지 못한 살림에 팔아서 요긴한 생필품을 사지 않았을까 짐작할 뿐이다.

들기름은 제사나 명절에 식용유로 썼다. 솥뚜껑을 뒤집어서 전을 부칠 때 감자나 무 혹은 솔가지를 자르거나 꺾어서 기름을 바르는데 썼다. 천이나 다른 것에 비해서 기름을 적게 먹는 것이라 그렇게 했을 것 같다. 참기름은 들기름보다도 더 귀하게 쳤는데 나물 그릇이나 냉채 비빔밥에 조금 넣거나 손님이 왔을 때에만 조금씩 쓰는 용도가 극히 제한 적인 것이었다.

얼마 전에는 또 다른 지인으로부터 시골농가에서 직접 짜왔다며 참기름 한 병을 선물 받았다. 뚜껑을 열자마자 향긋한 냄새가 입맛을 다시게 했는데, 고맙다는 말을 하고나서 쭈욱 들이켰더니 그 지인의 눈이 동그래졌다. 혹시라도 배탈이 날까 싶어서였겠지만 나는 빙긋이 웃으며 맛을 음미했다.

참기름과 원료 인 깨 그리고 깨소금은 고소함의 대명사다. 가끔은 부정적인 의미로 쓰기도 하는데 '무식이 깨를 볶는다.' 는 식의 농에 쓰이기는 하지만 무시해도 좋을 극히 부정적인 부분에 지나지 않는다. 참기름과 깨소금의 고소한 맛에 비하면 너무 미미한 비교에 지나지 않기 때문이다.

참기름을 소금과 섞어 간을 하면 육회에 빠질 수 없는 재료가 되고, 간이나 천엽 그리고 낙지를 먹을 때도 없어서는 안 될 요긴한 재료다. 육류와도 잘 어울리지만 참기름의 진가는 나물과 채에 합해지면 아주 잘 어울린다. 커다란 대접에 갖가지 나물을 욕심껏 넣고 김이 모락모락 나는 따뜻한 밥과 고추장을 가져다 비비면 비빔밥이 된다. 여기에 화가가 혼신의 힘을 다해 그림의 마지막에 점안을 하여 생명을 불어넣듯 참기름 한 방울을 떨어뜨리면 화룡점정으로 완성이 되는 것이다.

검은 먹 점 하나로 용이 생명의 눈을 뜨게 만드는 것처럼 몇 방울만 떨어뜨려도 결코 부족하지 않다. 과유불급이라는 말도 있듯이 아주 작은 것으로 자신의 향기와 존재를 알리는 것이다.

참기름처럼 고소하고 맛 나는 삶, 나도 그렇게 살고 싶다.

그리움에 대하여

갓쟁이

요즘에는 갓을 쓰는 사람도 거의 없을 뿐만 아니라 갓을 구경하는 것조차 쉽지 않다. 갓은 머리에 얹어, 머리를 돋보이게 하고 번듯하게 치장하며 아울러 맨머리를 숨기는 역할도 한다.

농촌의 겨울은 길고 지루한 칩거의 시간이다. 농사일이 휴지기에 들어가면 어른들은 화투, 윷놀이, 술 등 별별 궁리를 하며 시간을 보냈다. 아이들은 아이들대로 시간이 정지된 것 같은 긴 겨울을 그냥 보낼 리 없다. 머리가 좀 큰 아이들이 엇비슷하게 대적이 될 만한 조무래기들을 부추겨 싸움을 하게 만들었다. 은연중에 아이들의 서열을 정하는 중요한 행사 같은 것이었다. 거기에는 아주 단순한 논리만 적용되었는데, 여자아이들을 제외하고는 오직 싸움 실력만이 서열의 영욕을 결정하는 수단이 되었던 것이다.

싸움이나 경기에는 호적수가 있는 법이고, 매번 같은 아이들이 벌이는 싸움보다 새로운 얼굴들이 나타나면 활기도 생기고 한층 재미있어진다. 큰 아이들의 서열이 대충 정해지자 심심해진 아이들은 미취학 조무래기들에게 싸움을 붙이기 시작했다. 여기저기에서 싸움을 부추기자 여섯인가 일곱 살이었던 막둥이 동생도 동네 싸움판에 얼굴을 내밀기 시작했다.

우리 막둥이는 생김새가 아주 귀엽고 똘똘하게 생겨서 사람들에게 인기가 많았다. 양 볼은 마치 알사탕 두개를 넣은 것처럼 볼록했으며, 젖살이 통통해서 여자같이 예쁘기만 한 아이였다. 막둥이의 특기는 헤딩이었는데 싸움판에서 손과 발을 휘휘 젓다가 막판에 머리를 잡고 사정없이 들이박아 승부를 하는 것이었다. 꽤 야무진 머리를 가졌든지 등장하자마자 돌풍을 일으키며 또래 아이들을 하나 둘 이겨 나가기 시작했다. 그런 막둥이의 싸움재능이 발견되자 동네에서도 대단한 흥미 거리가 되었음은 물론이고 막둥이 스스로도 자신의 실력에 놀라는 눈치였다.

평소 화가 나면 기둥에 머리박기를 오락처럼 하던 것이 단련이 되었던 것인지 아니면 남들보다 단단한 머리를 가지고 태어난 것인지 확실하진 않았지만 하여간 막둥이는 승승장구 했다. 김 일이 링 위에서 초반의 열세를 헤딩으로 순식간에 뒤집으며 레슬링에 승리했던 것처럼 막둥이는 이미 동네에서 그런 인물이 되었던 것이다.

싸움자체가 원시적인 것이지만, 그중에서도 헤딩으로 승부를 결정짓는 방식은 단순무식하기 그지없었다. 한 사람씩 상대의 머리를 잡고 쿵 소리 나게 들이받는 것으로 한 사람이 항복할 때까지 번갈아서 계속하는 방법이었다. 간혹 어지럼증을 호소하는 아이는 있어도 머리가 터져 피가 난다거나 졸도하는 등의 피해는 없었으니 천만다행이었다.

추운 날은 바깥에서 놀기가 녹녹치 않고 또 손발이 얼어 주먹다짐하기도 쉽지 않다. 그래서 방안이나 바람막이가 있는 마당에서 주로 놀았는데 자연스럽게 헤딩도 하고 내기 놀이도 하며 노는 것이 일상화 되었다.

그 즈음 막둥이의 기세는 파죽지세처럼 대단한 것이어서 눈빛부터 달라 보였다. 틈틈이 거울을 보며 상대를 주눅 들게 만들려는 듯 눈을 치켜뜨고 부라리며 거만한 눈빛을 만들며 표정 연습을 했다. 내가 보기에는 귀엽기만 했는데, 아랫집 윗집 또래의 아이들을 모조리 제압하자 제 딴에는 의외의 자기능력에 기고만장해 있었던 것이다. 아랫마을에서 비슷한 또래의 상대가 없자 인근마을로 원정을 다니며 실력을 연마하게 되었고, 어느 순간부터는 한 살 위 아이들까지 평정하게 되었다.

모난 돌이 정 맞기 쉽다고 뛰어난 실력자 앞에는 위기와 시련도 많다든가. 막둥이의 실력이 나날이 늘어가자 반대로 샘을 내는 무리들이 많아졌다. 자기들이 추앙하는 아이들이 번번이 싸움에서 패하자 자존심이 상한 그들은 회심의 일전을 준비했다.

대체로 헤딩을 잘하는 사람은 선천적으로 머리가 둔해 통증을 잘 못 느끼거나 후천적으로 단련이 되어 머리가 아주 야문 부류다. 그리고 머리모양도 모나지 않고 둥근 편인데 미취학 아동이 아무리 헤딩을 잘 한다 해도 초등학생을 대적하기도 힘들거니와 이기기는 정말 어려운 법이다. 미취학 아동에게 한 살의 터울은 엄청난 차이기 때문이다. 어찌어찌해서 싸움구경에 눈이 먼 무리들이 절치부심해서 생각해 낸 일은 막둥이보다 세 살이나 많고 동네에서 머리가 커서 대갈쟁이로 소문난 집안에 장남과 싸움을 시키는 일이었다.

우리로 봐서는 재고할 가치조차도 없는 불리한 조건이었다. 그럼에도 불구하고 유언비어를 퍼뜨리며 약을 올리는 아이들을 응징하기 위해 우리형제와 막둥이는 꽁꽁 언 개울의 돌다리를 건넜다. 평소에 몰랐지만 둘을 앉혀놓고 자세히 보니 갓쟁이 집 장남의 머리는 막둥이와 머리의 크기에서 엄청난 차이를 보였다. 마치 호박과 참외를 놓아두고 비교하는 정도의 차이였다.

그 동안 적잖은 싸움에서 승승장구하여 겁이 없어진 동생도 상대방의 머리를 손으로 한 번 쓰윽 만져보고는 크기에 놀라는 듯 보였다. 그러나 이내 하늘아래 두 사람의 일인자는 있을 수 없다는 듯이 전의를 불태우며 한 번 붙어보자는 듯 두 주먹을 불끈 쥐었다. 어린 나이에도 물러날 수 없는 상황이라는 것을 본능적으로 알았던 것이다.

갓쟁이 집 장남은 머리 크기도 크기거니와 약간 모자란 아이었으니 싸움 혹은 헤딩의 조건은 타고난 것이나 마찬가지였다. 외양으로 보나 나이로 보나 절대 상대가 될 것 같지 않을 싸움은 동생의 선공으로 막이 올랐다. 동생은 인상을 있는 대로 쓰며 들이받았지만 통증을 못 느끼는지 그 아이의 표정은 변화가 없었다. 오히려 많은 사람들에게 둘러싸인 자기의 모습이 생경한지 구경 온 사람들을 표시 나게 쳐다보며 눈만 끔뻑끔뻑 거렸다.

소문대로 그 아이는 별로 힘을 들이지 않고 맞받아 공격을 해왔다. 순간 동생의 얼굴이 처음에는 충격으로 수초 후에는 분노로 핏발이 오르고 얼굴이 붉어지면서 눈빛이 흔들리고 있었다. 강적을 만난 것을 직감적으로 느낀 것 같았다. 이윽고 다시 동생의 차례가 돌아오자 녀석은 비장한 각오를 표정으로 나타내며 지금껏 한 번도 본적도 없을 정도로 머리를 뒤로 젖혀서 승부수를 띄웠다. 어린 나이에도 투쟁 본능은 있어서 지금껏 해오던 정상적인 방법으로는 도저히 승산이 없다고 판단했던 모양이다. '퍽' 하는 소리가 들리더니 대갈쟁이의 멍한 눈에서 일순간 눈이 반짝하고 빛나는가 싶더니 눈물을 흘리며 머리를 잡고 울고 말았다.

권모술수가 판치는 어른들의 애매모호한 판정과 다르게 아이들의 싸움 판정기준은 수학의 공식처럼 간단명료하다. 대개 코피를 터뜨리면 이기는 것이고 거기다 울게 만들면 확실한 승리가 되는 것이다.

소문은 삽시간에 동네로 퍼져나갔다. 동생은 철옹성 같던 대갈쟁이에게 일격을 가해 승리한 최초의 동네 아이가 되었다. 그것도 세 살이나 많은 초등학교 학생을 이겨버렸으니 대단한 일이 아닐 수 없었다. 동생은 동네 아이들의 작은 영웅이 되었고 갓쟁이는 대갈 값도 못하는 놈이라고 놀림을 받으며 더욱 천덕꾸러기가 된 것은 물론 서열에서도 더 이상의 내림이 없는 바닥을 기게 되었다.

싸움과 스포츠는 호적수가 있어야 재미있는 법인데, 그 유희도 상대가 없어지면 재미가 줄어드는 법이다. 한 동안 동네를 시끄럽게 했던 아이들의 위험한 놀이도 서열이 정해지자 시들해졌고, 어느 순간부터 흥미가 줄어 흐지부지 없어지고 말았다.

갓쟁이는 머리가 커서 하체와 비례대칭을 이루지 못하고 유독 머리 쪽이 큰 사람을 말한다. 갓쟁이는 상하의 균형이 맞지 못하는 가분수다.

따지고 보면 어디 갓쟁이만 그럴까? 마음과 몸이 같지 못한 것도, 행동과 생각이 조화롭지 못한 불균형도 갓쟁이일 것이다. 이성과 감성이 조화롭게 어울리지 못한다면 그것 또한 갓쟁이가 아닌가.

가끔 벌초나 성묘로 고향에 들릴 때면 갓쟁이를 만나는데 그때의 일이 떠올라 남몰래 짓궂은 미소를 짓고는 한다. 모두가 기억에 남아있는 일은 아닐 테지만 나에게 있어서 그때의 기억은 마치 영웅담처럼 각인되어 있는 것이다.

뚱거리

뚱거리는 장작을 뜻하는 경주 사투리다. 좀 더 엄밀히 말하자면 통나무를 지칭하는 말인데, 그것을 톱으로 자르고 도끼로 깨면 비로소 우리가 알고 있는 장작이 된다.

나는 초등학교 저학년 때부터 지게를 졌다. 그때는 주 연료가 나무였으므로 너나 할 것 없이 초등학생이 되면 당연히 나무를 하러 산으로 가는 것으로 알았다. 그런 마을의 분위기 탓에 자연스레 지게를 지게 되었다. 시골에서의 운반 수단이라야 지게 아니면 소달구지가 전부였던 때였으므로 좁은 산길에서 나무를 해 나르기엔 지게가 가장 알맞은 운송수단이었다.

봄, 여름, 가을은 농사의 소출로 나오는 콩대, 볏 짚, 보리, 밀짚 등으로도 연료가 충분하였다. 그러나 매일 소죽을 끓인다든가 오랫동안 화력이 필요한 때는 과외의 돈으로 사 두었던 석유보다 월등한 화력의 나무가 최고였다. 겨울의 기나긴 밤을 따뜻하게 보내기 위해서라면 통나무 장작으로 불을 때는 군불은 두말할 필요가 없는 필수였다.

나무하기는 얼음이 어는 추운 겨울이 되면 시작된다. 얼음이 어는 겨울 산은 초목들이 생장을 멈추고 휴지기에 들어간다. 산은 잡풀과 넝쿨이 스러지고 소나무만 더욱 푸르게 보인다. 황량한 산의 언덕길을 오르다 양지바른 곳에 도착하면 잎사귀는 시들어 떨어져 버리고 줄기만 남은 칡넝쿨을 찾는다. 사방으로 엉켜서 뻗은 칡 줄기를 넉넉히 잘라서 지게에 얹는데, 나중에 그것으로 잔가지의 단을 묶거나 나무가 지게에서 떨어지지 않게 묶을 때 쓰려는 것이다. 주로 솔가지나 억새는 세단을 엇갈리게 묶어서 지게에다 얹는데 주로 잡목 가지를 잘라서 가져 올 때 많이 사용한다. 그러나 잡목을 잘라 단으로 묶는 일은 숙련된 기술이 필요했으므로 어른들이 주로 하였고 우리들은 통나무를 잘라 오는 것이 다였다.

산에 오르면 사람들은 흩어져서 나무를 한다. 수령을 다해서 죽은 나무와 산불이나 병충해로 죽은 나무가 우선이었다. 굵은 나무를 톱으로 잘라 내려오는데 우리는 그것을 뚱거리라 불렀다. 화목으로 쓰기 위해 피치 못하게 한 벌목을 해야 하였지만 벌목에도 순서는 분명 있었다. 벌목으로 나무를 자를 때면 빽빽하게 서 있는 나무 중에서 다른 나무의 생장에 방해가 되는 나무를 먼저 골라서 잘라내었다.

벌목할 나무를 어느 곳으로 넘어지게 할 것인가를 가늠한 다음 가장 아래 부분을 톱으로 잘라서 넘어뜨린다. 그 다음 낫으로 밑 둥부터 가지를 치는데 그것도 밑 둥에서 거꾸로 쳐나가야 잘 잘라진다. 알맞은 크기로 두 토막 혹은 세 토막으로 잘라서 지게가 가까운 곳으로 던져 모아둔다. 생나무는 무겁기 때문에 대략 잔 것은 여섯 개 전후, 굵은 것은 서너 개를 자르면 지게에 한 짐이 된다. 수종으로는 소나무가 주종이었고 가끔 오리나무와 아카시나무를 할 때도 있었다.

뚱거리는 젖은 나무였기 때문에 미리 마를 시간까지 계산해서 갈무리를 해야 했다. 만약, 말릴 시간이 부족하거나 저장된 나무가 바닥났을 때는 아카시나무를 했다. 가시가 많아 위험하긴 해도 생나무로도 불이 잘 붙었기 때문이다.

나무를 집으로 가져 와서는 양지바른 곳에서 톱으로 대략 사십 센티 정도의 크기로 자른다. 도끼로 쪼개어 볕이 좋은 곳에 켜켜이 쌓아놓으면 아무리 추운 날이라도 장작더미만 보면 마음이 따뜻하고 든든하기까지 했다. 마치 겨우내 먹을 김장준비를 마친 기분이랄까.

드문드문 잔설이 많았던 겨울 산은 황량하고 추웠지만 나무를 하러가며 노는 재미 외에도 재미있는 일이 있었다. 운이 좋은 날이면 남이 놓은 덫이나 올무에 걸린 토끼나 꿩 등을 주울 수 있었기 때문이다. 그런 날이면 우리는 토끼나 꿩 탕으로 맛난 저녁 식사를 하고는 했다.

지금은 밀렵을 법으로 엄격히 금하고 있지만 그때는 아무래도 단속의 손길이 지금보다는 느슨해서인지 밀렵이 성행했다. 요즘은 야생동물들을 잡는 이유가 특별한 몸보신을 목적으로 한다지만 그때는 주린 배를 든든히 채워주는 음식으로 밖에 여기지 못했다. 간혹 오일장 장터에서 죽은 동물들을 팔아 생필품을 마련하는 사람들이 간혹 있긴 했지만 그것이 잘못 된 일이라고 여기지도 않았었다.

요즘도 겨울 산에 오르면 그때를 생각하며 두리번거리는 버릇이 남아 있다. 어릴 적 그 일을 여태 잊지 못하는 나를 보며 황량한 바람이 휭휭 불던 고향 뒷산을 떠올린다. 그때 뚱거리 하러 같이 다니던 이웃 어른과 형들, 코 흘리게 내 친구들은 지금 어느 곳에서 무엇을 하고 있을까.

그들도 나처럼 해마다 겨울이 오면 그때를 기억하고 그 산을 그리워할까.

계란

합천에 있는 형님이 명절을 앞두고 계란 한 바구니를 보내왔다. 폐교의 넓은 운동장을 아무런 제약 없이 뛰어 다니는 놈들이 낳은 것이다. 어림잡아도 백 여 개는 되어 보인다. 가게에서 파는 것처럼 크기도 고르지 않고 더더욱 알의 표면에 계분이 군데군데 붙어 있다.

계란이 참 귀했던 시절이 있었다. 흰 쌀밥에 날달걀 하나와 간장 종지가 상위에 오르는 날이면 어깨춤이 절로 나오고 입을 벙긋 거렸다. 옻칠이 곱게 된 상 모서리에 계란을 가볍게 톡톡 두 번 두드려 깨트린 다음 따뜻한 밥 옆구리에 숟가락을 찔러 틈을 만들고 계란을 밀어 넣었다. 고봉으로 담은 밥그릇에 봉긋 솟은 부분을 다른 그릇으로 옮기고 조심스럽게 밥을 비비면서 간장을 넣으면 겨자 색으로 고운 날계란 비빔밥이 된다. 간장맛과 어우러진 밥은 어찌나 헤프던지 아껴 아껴먹어도 야속하게 금세 바닥을 드러냈다.

밥알 한 톨까지 아쉬운 듯 긁어먹고는 계란껍질을 가지고 부엌으로 내달아 물에 잘 불린 쌀을 조심스럽게 계란껍질 속에 넣고 물이 새지 않게 공책을 조그맣게 찢어 물에 적셔 입구를 막는 것도 잊지 않았다. 재를 헤집어 모로 세워놓은 계란에서 물 끓는 소리에 이어 타닥타닥 껍질이 타는 소리가 나고 설익은 계란밥이 되었다.

우리 집 닭장에는 해마다 이른 봄이면 오십여 마리의 병아리가 채워졌다. 병아리는 자라면서 얼마는 병사하고 또 몇 마리는 족제비나 쥐에게 잡아먹히기도 하며 무럭무럭 커 우리를 기쁘게 했다. 여름이 오고 어느 정도의 크기가 되면 삼계탕용으로 한 마리 두 마리씩 잡아먹기 시작해 겨울이 가까울수록 닭장안의 닭은 숫자가 줄어들었다. 그러다 다시 봄이 올 즈음이면 십 여수 정도가 남았다가, 다시 병아리를 입식시켜 자라게 하였으니 늘 닭장에는 닭이 그만큼 자라고 있었다. 가끔은 학교선생님들이 밤에 추렴으로 닭을 잡아먹고는 장날에 비슷한 크기의 닭을 사다 채워 넣기도 하였다.

닭이 무럭무럭 자라기도 했지만 때로는 전염병이 돌 무렵이면

닭에게도 탈이 날 때가 있었다. 닭에게 병이 생기면 어머니는 닭의 머리와 부리를 잡고 참기름을 숟가락으로 떠먹이곤 했는데, 효과가 어땠는지 기억이 희미하다.

계란은 단순한 먹을거리만이 아닌 현금과 같이 쓰일 때가 있었는데 물물교환에 있어서 가장 좋은 수단이기도 했다. 신학기가 되면 공책이나 학용품을 살 일이 많아지면, 현금이 귀한 시골에서는 가장 손쉬운 방법이 계란을 파는 일이었다.

초란부터 번호가 매겨져 항아리에 숨어있던 계란을 받아들고 학교 앞 문방구로 가면 가게 주인아저씨는 먼저 흔들어 보고 햇빛에 비춰 부화중인지 상한 계란인지 검사를 했다. 대부분이 수탁과 함께 놓아길렀으므로 부화가 진행되는 달걀이 많았기 때문이다. 가끔은 계란을 삶아서 먹으려고 껍질을 깨면 악취와 함께 검은 물이 쏟아지는 것도 있었다. 일정한 온도로 닭이 알을 품어줘야 부화가 되는 것이지만 보관상의 문제로 항아리에서 부화가 진행되다 실패한 알들이었다.

봄이 되면 암탉들은 소리를 내며 부화시기가 왔음을 알린다. 대략 스무 개에서 삼십 개 내외의 알을 둥지에 넣어주면 알을 품기 시작하고, 봄볕이 따뜻해지고 새싹이 돋으면 병아리들이 다투듯이 알을 깨고 나왔다.

계란은 현금화하기가 가장 좋은 물건이어서 생필품과 물물교

환하거나 팔아서 현금화했기 때문에 우리들 차지가 되기가 쉽지 않았다. 가끔씩 닭이 알을 낳는 소리를 듣고 닭장으로 달려가 따뜻한 계란을 몰래 꺼내 먹곤 했다.

감꽃이 뚝뚝 떨어지는 어느 봄, 벌들이 윙윙 시야를 흐리고 감꽃 향은 현기증이 나도록 진했다. 뒷집 사는 아이의 집에서 놀고 있었는데, 마침 점심시간이 가까웠다. 그 아이의 할머니는 삶은 계란을 가져와 아이에게 먹였다. 옆에서 침을 꼴깍꼴깍 삼키고 있는 우리보기가 미안했던지, 아이의 귀가 어두워서 약으로 계란을 먹이는 것이라 말했다. 그러나 우리에게는 할머니의 주름진 손에서 아이의 입으로 들어가는 계란만 또렷이 보였다.

세월이 강산을 몇 번이나 변하게 해 어언 40년이 지났다. 귀하던 계란은 이제 더 이상 초란부터 번호를 매겨 차곡차곡 쌀독이나 광주리에 담아 두어야하는 물건이 아니다. 계란 두어 개로 대나무 통에 담긴 풀과 알록달록한 색종이를 바꾸던 그때도 아니다. 그럼에도 요즘 나는 아침, 저녁으로 아주 귀한 약을 먹듯 날계란을 먹고 있다. 조류인플루엔자의 위험을 모르는 바도 아니면서도 말이다.

누군가를 위해 정성을 들이는 일은 아름다운 것이다. 나를 위해 하나 둘 모은 계란을 바구니에 차곡차곡 담아 보내주신 형님의 정성이 기쁨으로 다가온다.

검정 고무신

기차표 검정고무신은 참 질겼다. 흰 고무신과는 달리 쉽게 찢어지지도 않았고 때에 절어도 표시가 잘 나지 않았다. 또 엄지발가락이 닿는 쪽이 닳아서 구멍이 생길 때까지 신을 수 있었던 질기고 무던한 신발이었다. 하지만 이 검정 고무신도 피해갈수 없는 단점이 있었으니 달리기를 할 때 곧잘 벗어진다는 것이었다. 그래서 친구들과 뜀박질을 할 때면 고무신을 벗어 양손에 들고 뛰는 일이 다반사였다.

더없이 질기고 값이 쌌던 검정 고무신을 어른 아이 할 것 없이 신었던 시절이 있었다. 아이들과는 달리 어른들은 외출 시에는 가람용이라 불리던 하얀 고무신을 신었다. 검정 고무신에 비해 때가 잘 타고 잘 찢어지는 단점이 있었지만 하얀 색이 주는 순결

함 때문인지 외출용 신발로 귀한 대접을 받고는 했다.

외출에서 돌아오면 깨끗하게 닦여진 하얀 고무신은 댓돌위에서 선반위에 가지런히 올려 진 채로 다음 외출을 기다려야 했다. 간혹 우리 남매는 아버지의 커다란 고무신을 내려 몰래 신어보곤 했었다.

지금은 밀리미터로 신발의 크기를 구분하지만 그때는 문이라는 단위를 썼다. 남자들의 워커는 십 문 칠이 가장 평균적인 단위였는데 별 다른 오락거리도 없던 우리는 어느 집에서 신발을 새로 사면 문수를 따지며 놀곤 했다.

하루는 아랫집에 사는 종국이가 미숙이 아버지의 흰 고무신이 백문짜리 신발이라고 했다. 도저히 믿기 어려웠다. 10문7 아니면 11문 정도가 보통인데 100문이면 이만저만한 크기가 아니었다.

거기다 이상한 것은 미숙이 아버지는 마을에서도 작은 축에 드는 사람이기에 그 사실을 납득하기 더 어려웠다. 우리는 말도 안 된다며 종국에게 통박을 놓았지만 종국이는 자기 말이 사실이라며 끝내 주장을 굽히지 않았다. 우리는 녀석을 앞세우고 미숙이네 집으로 몰려가 댓돌위에 있는 고무신 한 쪽씩을 들고 요리조리 살펴보기 시작했다. 고무신은 안쪽 아니면 바닥 쪽에 문수가 새겨져 있는 것이 보통이었는데 미숙이 아버지 신발은 달랑 100이라는 숫자만 찍혀있고 아무런 표시도 없었다. 몇 번이나 보고 또 보아도 백이라는 숫자 이외에는 아무것도 없다는 것을 확인하자 종국이는 그것 봐. 내 말이 맞지. 라며 의기양양해서 어깨를 으쓱 거렸다.

결국 우리는 고개를 갸웃하면서도 백이라는 숫자에 승복할 수밖에 없었다. 지금 생각해 보니 무허가 가내공업 제품의 상표에 백이란 숫자가 찍힌 불량 상품이었지 싶다.

사토질이었던 우리 동네 개울은 장마철이면 갑자기 불어난 물로 몸살을 앓고는 했다. 사토질의 개울바닥은 비가 멎으면 금방 수위를 낮게 만들어 쨍하고 햇볕이 나면 우리 조무래기들은 누가 먼저인지 모르게 개울가로 모였다. 얕은 곳을 골라 멱을 감기 위해서였다. 유독 물기에 취약했던 고무신을 아무렇게나 벗어두었다가 젖은 발로 신으면 고무신 찔그럭 찔그럭 싫은 소리를 내며 짜증을 부렸다. 때로는 음악처럼 느껴져 그 소리를 따라 엉덩이를 씰룩 거렸던 기억이 새롭다.

검정 고무신의 수난은 여름에만 있는 것이 아니다. 산골의 겨울은 매서운 바람이 사방에서 들이쳐 살을 에는 아픔으로 다가오곤 했다, 겨울에 신는 고무신은 바닥이 얇아 지표면의 찬 기운을 완충해 주지 않으니 냉기를 고스란히 발바닥으로 전해주었다. 그때 가장 무서웠던 장난은 아무래도 고무신을 신은 언 발을 밟히는 것이었다. 얼음이 언 땅의 기운을 얇은 고무신과 나일론 양말이 도저히 감당해 낼 수가 없었고 언 발을 밟히면 눈물이 찔끔 났다. 발이 시려 처음에는 찬 기운을 참아 보려고 폴짝폴짝 뛰어 보지만 금방 지치고 만다. 그러면 냉기는 이때다 하고 발바닥 전체를 아리게 파고들어 곧잘 동상에 걸리게 했다.

소꿉놀이할 때면 자동차가 되기도 하고 기차가 되기도 했던 검정 고무신, 냇가에서 고기잡이 할 때면 고기를 모는 뜰채가 되었다가 나중엔 고기를 담는 그릇이 되었다.

검정 고무신은 찢어져 제 소임을 다하게 되면 제 구실을 톡톡히 하며 마지막을 맞게 되는 곳은 엿장수 아저씨의 손수레 안이었다. 찢어진 고무신도 엿을 주던 때라 엿장수의 가위소리가 들려오는 날이면 우리는 헌 고무신을 찾느라 바빠졌다. 이 순간이 어린 우리들이 가장 고무신을 대접하는 순간이 아니었을까. 온 마을 조무래기들은 집으로 가 눈에 불을 켜고 집안을 뒤진다. 마루 밑과 돌담의 틈새, 헛간 등을 뒤지다가 낡아빠진 고무신 한 짝이라도 찾는 날이면 개선장군이 따로 없었다.

가끔 내가 고무신을 신었다고 하면 사람들은 지금의 나이보다 더 많은 사람으로 나를 볼 때가 있다. 초등학교 저학년까지 산골에서 자랐던 나는 문명의 이기를 받아들이는 속도가 더딜 수밖에 없었는데 말이다.

그러다 부산의 어느 변두리로 이사와 살게 되었지만 초등학교

6학년까지 고무신을 신어야했다. 그때도 빈부의 차는 있어서 동년배라도 어떤 친구는 초등학교 입학하고 나서부터 졸업할 때까지 운동화만 신은 아이도 있었다.

중학교에 들어가면서 바보 운동화라고도 불렀던 검정 운동화를 신게 되어 이후, 검정고무신을 신지 않아도 되었지만 고무신에 대한 기억은 고스란히 가슴에 남아 있다. 검정 고무신과 운동화를 생각하면 여행이나 소풍이 생각난다. 평소에는 고무신을 당연한 듯 신었지만, 외출할 때 입는 가람 옷처럼 소풍이나 여행을 갈 때는 운동화를 신었다.

나는 초등학교와 중학교를 다닐 때 수학여행비가 없어 초등학교 때는 경주 불국사로 못 갔고, 중학교 때는 속리산으로 가보지 못했다. 여행을 따라가지 못한 아이들 몇이 텅 빈 교실에서 썰렁하게 수업을 받던 생각이 난다. 수학여행을 다녀온 뒤에도 아이들은 여행지에서 있었던 일들을 재미있게 이야기하며 곧잘 새로 산 운동화를 신고 와 자랑을 했지만 동참하지 못한 나는 상대적 박탈감은 더했던 것 같다.

수학여행은 그렇다 치고 5학년 때까지 결석 한 번 없었던 나는 6학년 때 한 번 결석을 해서 개근상을 못 받았다. 그 이유는 우습게도 고무신 때문이었다. 아이들은 소풍이나 운동회 때는 운동화를 신었다. 그러나 운동화가 없었던 6학년 가을 소풍날이었다.

그날따라 나는 검정고무신을 신고 소풍을 가는 것이 부끄러워 엄마에게 운동화를 사달라고 조르다 결국 소풍을 못가고 말았다.

학교를 결석한다는 건 생각도 할 수 없었던 나였는데 그때는 왜 그리 떼를 썼는지 모르겠다. 지금 생각해보면 돈이 없어 운동화를 사주지 못한 부모님의 마음은 어떠했을까 생각해 보면 얼굴이 화끈거리고 식은땀이 날 정도로 부끄럽다.

가난이 친구처럼 함께 했던 시절의 낯익은 이름 검정고무신. 때론 내 꿈의 물고기를 잡아 가두는 어항이었던 고무신, 호박벌을 잡아 가두었던 희망의 상자, 허공에 발을 내질러 멀리 고무신을 날려 푸른 내일을 꿈꾸었던 어린 날의 장난감이었던 검정고무신. 이젠 어디서건 구경하기조차 만만찮은 것이긴 해도 딱 한 번만 더 신어봤으면 좋겠다. 나의 검정 고무신!

담배

새해가 되면 술을 줄이고 담배를 끊겠다는 사람들이 넘쳐난다. 작심도 어렵지만 끊기가 쉬운 것이 아니다. 비장한 마음을 먹고 도전하지만 열에 예닐곱은 실패하여 다시 원점으로 돌아간다. 그러다 보니 담배를 끊는 사람은 아주 독한 사람이니 상종을 말라. 는 우스갯소리를 하기도 한다.

경주의 어느 산골마을에서 자란 내가 처음으로 담배를 접한 것은 작은 할아버지 댁에서였다. 명절이거나 혹은 깊은 밤 할머니나 할아버지가 주무시는 틈을 타서 담배로 놀이를 했다. 어렸을 때였으니 담배가 좋아서 그랬던 것이 아니라 늦은 밤, 방안에서 놀이하기는 담배연기 만큼 신나는 놀이도 없었기 때문이다.

곰방대를 문지방이나 벽에 두들겨 탁탁 소리 나게 털고는 봉

초 혹은 풍년 초라 부르던 잎담배를 곰방대 끝에 꾹꾹 눌러 넣었다. 할아버지가 하시던 것처럼 엄지손가락으로 꾹꾹 눌러 호롱불에 대고 뻐끔뻐끔 불을 붙였다. 메케한 연기는 정신없이 기침을 나게 만들다가 머리를 어지럽게 했다.

연신 기침을 해대면서도 번갈아가며 계란 만들기 놀이를 하고, 담배연기를 머금고 방바닥에 입을 대고 침으로 방울을 만들었다. 방울 속에 담배연기가 신기하게 돌다가 몇 초 후 터지면서 연기가 피어올랐다. 명절이나 제사가 있던 날, 아이들 여럿이 모이면 어른들 몰래 의례 숨어서 하던 놀이였다. 호기심과 재미로 하던 것도 흥미를 잃으면 언제 그렇게 재미있었냐는 듯이 잊어버리게 된다. 방바닥에 연기로 계란을 만들던 놀이는 언제인지도 모르게 그만두게 되었다.

그러다 초등학교 4학년 무렵 택근이가 재 너머 읍내에서 윗마을로 이사를 오면서 담배라는 것에 대한 새로운 인식을 하게 되었다. 그때까지 담배는 어른들의 놀음이라 추오의 의심 없이 믿었던 것인데 조금은 생각을 달리하게 되었던 계기가 되었던 사건이었다.

아마 학교에서 체육시간에 달리기를 했던 날이었을 것이다. 학교를 마치고 택근이를 따라 윗마을 그의 집으로 놀러가게 되었다. 마침 식사시간이었고 밥을 먹고 난후 그의 형제들은 뒤 안으로 가더니 너무나도 익숙한 솜씨로 마른 활엽수 이파리를 훑어 손바닥으로 비비기 시작했다. 그러더니 공책 종이를 찢어 돌돌 말고 서는 어른들이 하던 모양대로 침을 발라 붙이고는 입에 물고 불을 붙였다. 그러고는 맛나게 담배를 피우기 시작했다.

행동이 민첩하고 솜씨가 대단했으며 자연스럽게 몸에 익은 모습을 보고 금지된 장난을 한 것보다 더 혼란스러웠다. 그런데 그것보다도 더 충격적인 것은 그 아이들의 담배 피우는 모습이었다. 담배를 얼마나 맛나게 피우던지 사십 년이 지난 지금도 어제 일처럼 생생히 기억이 난다. 어쩌다 담배를 아주 맛있게 피우는 사람을 보면 택근이가 생각난다.

나는 담배를 비교적 늦은 25살 무렵에 피우게 되었다. 처음에는 하루에 반 갑 정도를 피우다가 외국으로 나가면서 많게는 하루에 두 갑 반 정도까지 피우게 되었다. 그러다 어느 순간부터 목에 가래가 생기면서 도락을 끝내야겠다고 생각을 하던 중이었다.

사람들에게는 저마다의 기벽이랄까 어떤 것에 대하여는 관대하고 어떤 것에 대해서는 냉정하고 박한 게 있다. 나는 수입에 비해 과분하게도 책 사는 것과 택시 타는 것은 아끼지 않았지만 의복이라든가 먹는 것에는 관심이 덜한 편이었다. 그런데 택시비와 담배 값이 인상되고 얼마 지나지 않아 또 다시 오른다는 소식을 듣고는 화가 나 금연을 실행에 옮기기로 했는데 공교롭게도 그해 마지막 날이었다.

'나 치사하고 더럽고 아니꼬워서 내일부터 담배 안 피운다.' 라는 말을 하고는 유행하던 지포라이터를 비롯하여 열 개 남짓의 라이터를 모두 친구들에게 나누어 주는 호기를 부렸다. 그날 밤, 내 생애 마지막이 될지 모르는 담배를 해가 뜰 때까지 줄기차게 피워댔음은 물론이다.

여기까지는 좋았는데 문제는 그 다음날부터였다. 초조 불안은 둘째 치고 밤에 잠을 자다 깜짝 놀라 일어나기 일쑤였는데, 담배를 피우는 꿈을 꾸었기 때문이다. 꿈속에서 언제나 나는 담배를 피우고 있었다. 그리고 그 사실을 인지한 순간 꿈에서조차 스스로에게 다짐한 약속을 지키지 못한 것에 대한 자책을 하기도 했다.

꿈을 꾸고 일어나는 금단증상은 그 후로도 오래 계속 되었는데 대략 육 개월 정도가 지나자 밤에 놀라서 깨는 일은 없어졌다. 이후 담배의 유혹이 없었던 것은 아니었지만 잘 견뎌내어서 금연한지가 대략 이십 년 남짓 된 것 같다. 육 개월 간의 금단증상 기간을 잘 보냈기에 지금은 담배 생각이 전혀 없다. 주위에서 담배를 피우면 나와는 무관한 것으로 생각할 만큼 덤덤해졌다.

가끔 이런 생각을 한다. 누군가 나에게 담배를 피우지 말라고 강요했다면 어찌되었을까. 만약 그렇게 되었다면 금연은 시도도 하지 못하였을 것이고 설령 시도했다하더라도 실패하지 않았을까 싶다. 자의가 아닌 타의에 의한 강제였으니 나라에서 금연을 법으로 정하지 않은 이상 힘들었을 것이라 생각된다.

솔직하게 말하면 내가 금연에 성공할 수 있었던 것은 자존심 때문이었지 싶다. 대체로 손해를 보는 쪽으로 대인관계를 하는 나지만 자존심을 건드리면 못 견뎌하는 편이다. 누가 시키거나 강요하지도 않았으니 온전히 자의에 의한 결정이었다. 스스로의 결심이므로 알량한 나의 자존심은 한 치의 빈틈도 허용하지 않았다. 비록 꿈이었다 하더라도 자신에게 한 약속을 스스로 지키지 못한 것에 대한 부끄러움이 금연을 하게 만들었던 원동력이었던 셈이다.

늦은 밤 할머니 몰래 곰방대를 훔쳐 방바닥에 연기로 계란을 곧잘 만들던 고향 양지마을 택근이 형제의 담배질도 이제 아득히 먼 이야기가 되었다.

반찬 이야기

시장이 반찬이라면 궁핍이나 배고픔은 세상에서 가장 훌륭한 요리사가 아닐까 싶다. 어제일도 곧장 잊어버리는 내가 수 십 년 동안 잊고 있었던 기억을 되돌려 내는 것을 보면 말이다. 단순히 배고픔이나 가난의 굴레만이 아니라 그것으로부터 파생되는 문제들이 꽤나 아팠고 슬프게 각인되어있다는 증거가 아닐까 싶다.

우리 가족이 부산으로 이주한 해는 70년대 초, 새마을 운동이 한창이던 때였다. 어느 장소에 있건 국기 하강식을 하는 오후 다섯시면 경직된 자세로 가던 길을 멈추어 서서 가슴에 손을 얹고는 했었다. 지금 생각해보면 융통성이라고는 조금도 없었다 싶었지만 그때는 그것이 당연시 되는 분위기여서 별 다른 생각 없이 따라했다. 획일적인 주입식교육이 득세하던 때여서 남과 다르게 보이거나 행동한다는 것은 결벽에 가까울 만큼 수용이 힘든 시절이었다.

팔에 두 줄이 선명한 트레이닝복이 일상복으로 유행했으며 고무신을 버리고 폼 나는 검은색 운동화를 얻어 신는 게 소원이었다. 만화방에서 십 원을 주면 만화 13권을 볼 수 있었고 일요일 저녁 10원을 내면 '웃으면 복이 와요' 프로그램과 '수사반장' 을 볼 수 있었다. 프로레슬링이 성행하여 볼거리와 먹거리에 굶주린 우리들에게 박치기 한 방으로 김 일은 희망의 불씨를 살려 주었다.

학교에서는 폐품수집 날이 정해져 있었다. 날마다 연탄재를 가져다 비가 오면 질척해지는 학교 운동장에 끝없이 깨어 던지고 던졌다. 식량사정이 원활하지 못하여 혼분식을 장려하느라 연일 텔레비전과 라디오에선 혼식과 분식을 권장하며 영양에 대해서 확대 해석하여 우리의 귀를 솔깃하게 만들었다. 점심도시락을 싸 가는 날은 도시락 검사 때문에 곤혹스러웠다. 쌀과 보리는 일정량으로 섞어서 밥을 해야 하는데 그게 쉬운 일이 아니었다. 넉넉한 살림에야 쌀과 보리를 학교에서 원대로 맞출 수 있겠으나 없는 집에서야 그것자체가 고충이었던 것이다.

그날도 여러 아이가 식사하기 전 검열에 걸렸다. 이유는 쌀밥을 싸왔다는 것이었고, 왜 보리를 섞지 않았느냐는 선생의 질문에 기어들어가는 목소리로 이렇게 말했다.

"쌀과 보리를 함께 살 수 있는 돈이 없어서 그렇게 되었습니다." 했다. 모르는 사람이 들으면 집이 부자여서 우쭐거린다고 그런 것으로 여길 수도 있었으나, 우리 모두는 고개를 끄덕이며 무슨 뜻인지 알아차렸다. 쌀보다는 보리가 가격이 쌌지만 보리만으로는 밥을 할 수 없었기에 쌀 한가지만을 사왔던 것이 이유였다. 그렇다고 겨우 한 되나 살 수 있는 작은 돈으로 쌀과 보리를 나누어 달라고 하기에는 면목이 없었을 것이다. 가난이 만든 이야기고 우리들의 슬펐던 지난 이야기다.

반찬은 반드시 간이 든 것일 필요가 없다. 한동안 동생과 나는 짜고 쓴 김치 대신 동생과 나만의 새로운 찬을 만들어 먹는 요령을 터득하게 되었다. 나이도 어렸거니와 다른 이의 손을 빌리기도 어려워서 만들어낸 방법이었다.

양은그릇에 찰기라고는 없는 정부미로 만든 밥과 물을 넣어서 연탄 불 위에 올려놓으면 얼마 후에 김이 나면서 끓어오르게 된다. 그 다음에는 그것을 꺼내어 조금 식기를 기다렸다가 먹는 간단한 방법이었다. 그것이 무슨 반찬이 되겠느냐 하겠지만 신기하게도 뜨거운 물과 밥의 조화로 반찬 없이도 먹을 수 있는 방법이었다. 굳이 말하자면 뜨거운 물의 열기가 반찬이었던 셈이다. 뜨거운 밥을 입에 넣으면 감각이 뜨거운 것만으로 집중되어서 반찬이 필요 없고 뜨거움이 반찬이 되는 것이었다. 중학교 졸업할 때 까지 계속되었으니 꽤 오랫동안 반찬대용이었던 셈이다.

반찬투정은 여유가 있을 때에 부리는 호사 같은 것이다. 한 동안 나의 소원은 간장으로 양념을 한 어묵을 반찬으로 가져가는 것과 계란 프라이를 밥 위에 올려놓은 도시락이었다.

먹는다는 문제가 궁기를 면한다는 단계를 넘어서 맛으로 허기를 면하려 할 때 생기는 것이다. 배가 고플 때는 양의 많고 적음이 문제가 되지 결코 음식의 질이 문제가 되기는 어렵다.

먹고사는 것이 문제일 때에 우리는 값이 싸고 양이 많으며 속이 든든하고 근기가 있는 것을 찾게 된다. 그것이 충족되고 난후에는 양보다는 질이라는 것을 밝히게 되고 그 단계를 넘어서면 비로소 맛이라는 배부른 소리가 나온다. 밥이라는 주식이 해결된 다음에야 반찬이라는 문제가 대두된다고 보면 되겠다. 따지고 보면 문화니 예술이니 하는 것도 먹고 살만한 다음에야 오는 배부른 놀음인 것이다.

지금 뒤돌아보면 참 궁핍하고 궁색했던 시간들이었다. 어렵고 힘들었던 시절을 기억에서 들추어내는 것만으로도 마음이 아리고 쓰리다. 가난으로부터 파생된 마음의 상처가 쉬 아물지 않을 터지만 그때는 모두 그랬다는 생각으로 위안을 얻는다.

밥을 끓여 그 온도차를 반찬으로 삼았다면 이해가 될지 모르겠다. 그러나 우리형제는 그랬다. 이제 불혹을 넘겨 근엄한 경찰이 된 막둥이 동생도 그것을 기억할지 모르겠다.

*시장기는 반찬을 따지지 않게 만들고, 궁핍은 먹을 것을 가리지 않게 한다.

---

*배가 고프면 반찬이 없거나 변변찮아도 밥이 맛있다는 말

벌

벌들도 도심의 편리함을 탐하는 것인지 도심출현이 잦다. 더구나 근자에는 그 정도가 더욱 심해 콘크리트 건물의 벽에 집을 지을 때도 왕왕 있다.

언제부터인가 우리 집 거실에도 벌들이 날아드는 일이 많아졌다. 햇빛이 좋은 날, 아내가 베란다에 놓아둔 항아리에 무엇을 꺼내러 갔다가 기겁을 하며 들어왔다. 손가락을 가리키는 곳을 보니 아파트 바깥 처마 밑에 벌들이 까맣게 달라붙어 집을 짓고 있었다. 혹시나 모를 위험을 대비하며 멀찍이서 살펴보니 내가 어렸을 때 익숙하게 보아 온 땡피라 불렀던 말벌집이 분명했다.

사랑채가 유난히 컸던 우리 집은 화장실이 두 곳이었는데, 그 중 한곳에 출입하려면 담벼락을 길게 따라서 가야했다. 돌과 흙으로 만들어진 아주 두터운 담이었는데, 위에는 감나무와 밤나무 등의 고목이 자리하고 있었으므로 둥천이라는 말이 어울릴 규모의 담이었다. 그런데 그 담벼락 돌 틈에는 아주 자그마한 땅벌들이 살고 있었다. 그러나 큰 변소를 자주 사용하고 어쩌다 손님이 많을 때 가끔 한 번씩 사용하는 곳이었으므로 그다지 큰 신경을 쓰지 않아도 되는 곳이었다.

그러던 어느 날, 학교를 마치고 놀다가 급해서 외진 그곳의 작은 변소를 사용하게 되었다. 그날따라 유난히 벌들이 나의 주위를 돌며 위험한 비행을 하였다. 급한 볼일을 보고난 나는 어떻게 하면 저 성가신 놈들을 돌 틈에서 없애버릴 수 있을까 혼자서 궁리를 하기에 이르렀다.

시골 벽은 흙과 돌, 그리고 짚과 나무를 얼기설기 엮어서 만들었으므로 평소 흙 반죽하는 것을 자주 본 나는 흙을 이용하여 벌을 없애기로 작정을 했다. 우선 진흙을 반죽하여 둥근 공처럼 만들어 양손에 쥐고 던지는 연습을 했다. 순식간에 벌집입구에 던져 벌을 나오지 못하게 하면 아무리 공격성이 강한 땅벌들이라도 숨을 못 쉬고 항복을 할 것이라 생각했기 때문이다.

그러나 불행히도 나의 계획은 굉장한 오판이었다. 조심조심 발걸음을 옮겨서 근접하고 틈을 보다가 양손에 든 진흙을 던져 돌 틈의 벌집입구를 막기에는 성공 했으나 벌을 압사시키려던 애초의 계획은 벌이 순식간에 흙을 뚫고 나오면서 빗나가게 되었다. 잠시 득의만만한 승자의 미소를 지으며 지켜보는데 갑자기 벌들이 흙을 뚫고 나와 나를 향해 맹렬한 기세로 덤벼들기 시작했다. 느닷없는 공격에 걸음아 날 살려라 하고 내뺐지만 변소 모서리 돌담을 채 벗어나기도 전에 얼굴이 따끔했다. 무수한 벌들에게 쫓기며 도망을 하다가 두어 방을 쏘이고 겨우 탈출하게 되었다.

그만하면 다행이다 싶었다. 그러나 얼마 지나지 않아 얼굴에 열이 나는 것처럼 화끈거리고 얼굴의 감각이 평소와 다르다는 느낌을 받았다. 그래도 별다른 증상을 느낄 수 없었기에 그러다 마려는 줄 알았다. 그러나 저녁에 집으로 돌아온 가족들이 삽짝 앞에 있는 나를 보고는 모르는 사람처럼 그냥 집으로 들어갔다. 뭔가 이상하다 생각한 나는 집히는 게 있어서 방으로 들어가 큰 거울을 보고는 기겁을 하고 말았다. 이건 도저히 사람의 얼굴이 아닌 것처럼 제멋대로 부어 있었던 것이다.

자초지종을 들은 어머니는 급히 동네에 수소문해 술 찌게미를 얼굴에다 붙여주었지만 붓기는 쉬 빠지지 않았다. 이튿날 학교에 가서도 나를 첫 눈에 알아보는 사람은 한명도 없을 정도였다. 마치 이스트를 잔뜩 넣어 제멋대로 부풀어 있는 찐빵 같은 얼굴이 되어 있었기에 누군들 알아낼 수 없었다.

며칠이 지나자 얼굴의 붓기는 거의 가라앉았으나 마음의 상처는 컸다. 멋모르고 한 행동이 아이들에게는 조롱거리가 되기에 충분했고, 아이들에게 받은 놀림과 수모는 복수의 칼을 갈기에 충분한 조건이 되었다. 놀림의 이유는 땅을 파고 사는 땅벌을 잡는다고 흙으로 입구를 막은 것은 너무도 어리석은 생각이었다는 것이다. 비록 두껍게는 했지만 맞는 말이었다.

얼굴이 거의 본래의 모습으로 돌아오자 나는 내내 벌을 잡을 방법을 생각했다. 이젠 땅벌을 잡는 것도 중요하지만 확실하게 보복을 해서 실추된 명예를 회복하는 것이 우선이 되었다. 작은 고추가 맵다는 말도 있지만 벌들 중에 제일 작으면서도 제일 독한 놈들을 어른들도 무서워하는 땅벌을 내손으로 물리쳐야했다. 그래야만 놀림감이 된 나의 자존심을 얼마간 되찾는 길이 되었기 때문이다.

무엇보다도 이번에는 지난번의 실패를 되풀이하지 말아야 했다. 경험은 살아있는 지혜였고, 한 번 실패가 나에게는 커다란 교훈을 주었다. 좀 더 신중하게 생각하게 만들었으며 주도면밀한 계획을 세우게 하였다.

주전자에 물을 끓여 순식간에 뜨거운 물을 부어버리면 어떻게 될까? 우선 근접하기 쉽지 않고 집이 깊고 입구가 좁고 경사져서 물을 스며들기가 어렵고 설령 입구에 있는 놈들은 죽인다 해도 안에 있는 놈들이 나와서 공격을 한다면 지난번과 같은 결과를 낳을 것이다. 주전자는 물을 붓는 시간이 오래 걸리니 그럼 큰 그릇에다 담아서 한 번에 부어 버리면 더운 김이 나는 큰 그릇을 들고 열에 민감할 것 같은 그놈들의 가까이 갈 수 있을 것이며 놈들의 눈을 피할 수 있을까. 성공과 실패의 가능성을 엄밀히 따지고 들기를 여러 날 나는 드디어 기발한 방법을 찾아내었다.

그 방법은 아이들로부터 받은 놀림과 수모를 한순간에 불식시키고 나의 명예를 회복시키는 것과 동시에 벌도 잡는 일석이조의 비책이었다. 그러나 막상 시도하려하자 독한 땅벌의 침에 대한 공포가 잠시 일어났다. 무너진 자존심을 살리려는 결연한 의지 앞에는 사소한 감정의 흔들림일 뿐이었다.

볕이 아주 좋아 약간 음달인 돌담의 틈새도 뚜렷이 보일 것 같은 날, 나는 또 진흙을 두 손에 들었다. 달라진 것이 있다면 지난 번 보다는 좀 더 차지고 두꺼운 흙뭉치 반죽이었다. 땅을 파고 사는 땅벌을 잡으려고 진흙을 이용하여 벌을 잡으려는 어리석은 놈이라고 놀림을 받던 바로 그 방법이었다. 돌담에 몇 번의 진흙을 던지는 예행연습으로 현실성을 높여 자신감을 얻었다. 담벼락에 원을 그려 놓고 던지는 연습으로 목표물에 대한 성공확률을 높였다.

드디어 소탕작전이 시작되었다. 콩닥이는 가슴을 애써 진정시키며 쏘이지 않을 만큼 최대한 가까이 갔다. 벌들이 집에 들어간

틈을 노려 진흙덩이를 던졌다. 멋지게 성공을 하자 두 번째는 더 크고 진득한 것으로 그 위에 던져 그놈들이 흙을 뚫고 나오는 시간을 더디게 만들었다. 그리고는 재빨리 준비된 짚단에 성냥으로 불을 붙여 벌집위에 올렸다. 그랬더니 흙이라는 장애물을 뚫고 나오는 놈들은 모조리 불에 타 죽게 되었다. 짚단 두 단을 번갈아 태우고도 안심이 안 되어 두어 단을 더 태우고서야 부엌 아궁이처럼 시커멓게 된 벌집을 볼 수 있었다. 그렇게 누구도 엄두를 못 내던 땅벌 소탕작전은 대 성공을 거두었다.

그 후 다시는 땅벌들이 나타나지 않았고 더불어 화장실을 사용하면서 벌을 두려워하는 따위의 일은 일어나지 않았다. 어리석은 아이라고 놀리던 아이들도 두 번 다시 놀리는 일이 없어졌으며 오히려 벌을 잡을 때는 짚단에 불을 붙이는 방법을 자주 쓰게 되었다.

첫 번째 땅벌 소탕 작전은 계획도 그만하면 훌륭했고, 방법도 좋았으나 한 가지 미처 생각하지 못 한 것은 땅벌은 흙을 파고 그 속에 집을 짓는다는 사실이었다. 가장 큰 것을 간과하고 작전을 세웠으니 성공보다는 실패의 확률이 높았던 것은 자명한 일이고 치명적인 약점이었을 것이다. 무슨 일이든 완벽할 수는 없으나 좌우를 잘 살피듯 치우침 없는 사리를 따져 본다면 성공한 계획이 아닐까 싶다.

요즘 나는 딸아이에게 빌린 커다란 막대기에다 양파 망을 씌워 잠자리채를 만들어 벌집을 제거하는 방법과 막대기로 순식간에 벌집을 공격하여 허물고 재빨리 문을 닫는 두 가지 방법을 두고 생각하고 있다. 성공하면 벌집과 벌은 잠자리채로 잡을 수 있거나 8층에서 지상으로 낙하할 것이고 만약 실패 한다면 벌침 한 방 정도는 각오해야 할 것 같다. 두가지 방법 중에 어떤 방법을 쓰던 벌은 내 손안에 있다. 땅벌이든 말벌이든 말이다.

병풍

세월의 흔적을 온몸으로 고스란히 받은 듯 낡고 허름한 헛간 앞에 섰다. 아무렇게나 비바람을 피하기만 하면 될 요량으로 만든 것 같은 헛간의 양철문은 붉게 삭아 군데군데 구멍이 뚫려있다. 빛이 삭아버린 구멍을 통해 창고 안으로 소리 없이 숨어들었다. 마치 긴 시간의 어디쯤을 뭉텅 잘라 비추는 흔적처럼…….

손잡이를 잡아당기자 양철문의 아래쪽이 흙바닥에 닿아 휘청거린다. 노파가 두 손으로 조심스럽게 문을 들어 올리자 그제야 산화된 세월의 조각들이 먼지처럼 떨어지며 삐걱 소리를 냈다. 비로소 침묵과 정적의 영역에 점령군처럼 가을햇살이 스며들었다. 그 몇 줌의 빛이 아니라면 사위 분간도 어려울 것이다.

잠시 머뭇거리다 헛간의 어둠에 익숙해지자 노파는 눈으로 구석 어디쯤을 더듬더니 막일꾼의 손처럼 형체만 남은 거친 몽당 빗자루를 집어 들었다. 늘 해오던 일처럼 빗자루로 반대쪽 벽 틈으로 들어오는 한 줄기 빛을 가로질러 살풀이의 늦은 박자에 맞추어 춤추듯 아무렇게나 걸려 있는 거미줄을 휘휘 걷어냈다. 그리고는 한쪽 구석 어디쯤에 잠자고 있던 먼지구덩이 속에서 병풍을 찾아냈다.

병풍은 온전한 형체를 알 수 없을 만큼 먼지로 덮여 있었다. 노파가 손을 뻗어 잡자 대번에 손가락 자국을 냈다. 오래 묵은 먼지들은 휘청거리는 노파의 걸음처럼 천천히 밖으로 나왔다. 병풍을 비추는 노을빛은 눈부셨다. 오랫동안 쓰지 않고 버려두었던지 마당으로 나온 병풍은 먼지와 습한 곰팡이 냄새로 자신의 처지를 보여주고 있었다.

아무렇게나 내버려두었던 것이 미안했던 것인지 아니면 좀 더 병풍을 잘 보여 주고 싶었던 건지 노파는 다시 몽당 빗자루를 높이 들었다. 나는 황망히 빗자루를 받아들고 낡은 것이 더 훼손 될까 싶어 조심스럽게 병풍에 묻은 거미줄과 먼지를 붓질하듯 털어내고 입으로 후하고 불었다. 켜켜이 쌓였던 먼지는 무수한 입자들을 날리며 날아다녔다. 병풍은 이미 지난 세월은 모두 잊었다는 듯한 모습이었다.

병풍을 한 폭씩 펴고 글씨를 보려고 가까이 다가섰다. 훅하고 코에 닿는 묵은 냄새가 생경하다. 조급함을 숨기려 짐짓 여유를 부리는 척했다. 초서체로 된 병풍의 우측부터 좌측, 눈으로 훑어가며 글과 종이의 상태를 확인해보았지만 마음은 이미 처음부터 마지막 폭에 가 있는 것은 어쩔 수 없었다.

병풍은 내 앞에 있고 여섯 폭 중 마지막으로 남은 한 폭의 병풍을 넘기는 손끝은 파문을 일으키듯 잔잔히 떨렸다. 아무리 초연하려해도 몸도 마음도 아주심한 갈증을 참고 있는 것처럼 조바심을 냈다. 연전연패 하던 투전꾼이 모처럼 좋은 패를 들고 상대의 패를 가늠하며 조바심을 내는 것에 비유하면 지나친 비약일까.

병풍의 마지막 폭이 열렸다. 위에서 아래로 훑어 내려가던 시선이 마지막 하단에 멈췄다. 틀림없다. 낡긴 했어도 좌측하단에 낙관을 보고 또 보아도 증조부의 자와 호가 틀림없다.

인근 마을에서 해마다 가장 많은 추곡매상을 대던 할아버지 대의 가세가 몇 년간의 큰 물난리와 가운이 다해 기울자 아버지는 가족들을 데리고 부산으로 이주하였다. 다행이었던 것은 부모님은 끼니를 잇기 어려운 사정에도 불구하고 남아있던 선산과 전답들을 끝까지 지키셨다는 것이다. 덕분에 우리들은 자주는 아니더라도 매해 몇 번씩 들락거리며 고향에 대한 끈을 놓지 않고 있었다.

그러던 어느 해, 가을 벌초를 다녀 온 형님이 우연히 증조부님이 쓰신 병풍이 어느 집에 있다는 소문을 들었다고 알려주었다. 가슴이 뛰었다. 지체하지 않고 당장이라도 달려가고 싶었지만 사정이 여의치 않아 그 주 토요일 나는 경주로 향했다. 고향으로 달려가는 내내 마음이 조급했다. 병풍이 여전히 그 집에 있는지도 궁금했고 병풍을 순순히 보여줄지도 모르는 일이었기 때문이다. 한편으로는 조상의 손때 묻은 흔적을 발견한다는 뿌듯함 이외에 어쩌면 나도 할아버지가 쓰신 병풍을 가질 수도 있겠다는 희망으로 설렘이 더했다.

한학을 하셨던 증조부께서는 전국을 다니며 제자들을 가르치시다 말년에는 한양생활을 청산하고 낙향하셨다. 워낙 호학했던 분이라 방대한 서책과 많은 글을 남겼지만 서책들은 도둑을 맞거나 홍수나 우기에 간수를 잘못하여 거의 없어졌다. 그래도 다행히 수백 권의 책은 남아 있었지만 장손에게 대물림 되었다.

한양에서의 행적과 전해오는 말로 미루어 할아버지가 많은 글들을 남겼을 거란 추측은 가능하게 했지만 병풍은 집에 남은 것 두 개가 전부였다. 나는 할아버지의 체취가 고스란히 남아있는 병풍을 가지고 싶었다. 아둔해도 책 읽기를 좋아했고 고서에서 풍기는 먹향을 좋아했다. 더구나 할아버지가 직접 글을 쓰신 유품을 간직할 수만 있다면 더없이 좋을 것 같았다. 그러나 언감생심 장손도 맏이도 아니니 어림없는 일이었다.

그러던 중이었으니, 그 이야기를 듣고 달려가 병풍을 찾아가는 길에 얼마나 가슴이 뛰었겠는가. 병풍은 제사용으로 사용하다가 너무 낡아 그 집에서도 사용할 수가 없어 버리지는 못하고 창고에 둔 것이었다. 그래도 그게 어딘가. 병풍이 낡아 쓰지 못하고 버려두듯 창고에 넣어두었지만 내 것이 아니니 유화 한 점을 병풍과 바꾸었다.

병풍 값으로 유화를 건네고 집으로 돌아오는 내내 콧노래가 났고 개선장군처럼 어깨에 힘이 들어갔다. 그러나 주위 사람들은 신통찮은 반응을 보였다. 유화와 못쓰게 된 병풍을 바꾼 것은 계산상으로 밑졌다는 것이다. 그렇거나 말거나 누가 무어라 해도 그 말은 '모르는 소리' 라고 일축했다. 할아버지의 글을 찾아냈다는 것만으로도 기뻤고 내 것이 생겼다는 기쁨은 표현할 수 없을 만큼 뿌듯했다.

다음날 아침 식사를 하고 표구를 전문으로 하는 사람들이 모여 있는 곳으로 병풍을 가지고 갔다. 병풍은 부피가 커서 승합차에 실기도 만만한 것이 아니었다. 무겁지는 않았지만 혹시라도 훼손이 될까싶어 옮기기가 만만치 않았다. 그런데 몇 군데의 표구점을 찾아갔지만 종이가 너무 낡아서 표구를 할 수 없다는 말뿐이었다. 그럴 수밖에 없는 일이 다른 병풍은 두꺼운 한지에 글을 썼지만 그 병풍은 무슨 까닭에서 인지 한지가 아니라 모조지라는 종이에 쓴 글이었고 거의 백 년이나 지난 세월 때문이었다.

어떻게 얻은 병풍인데 포기할 수 있겠는가. 여러 군데를 찾아다니며 발품을 판 끝에 한 곳에서 겨우 표구를 해보기는 하겠다는 약속을 받아냈다. 결과는 장담할 수 없다는 말에 감수하겠다는 약속을 하고서야 어렵게 표구를 했다.

제사준비를 할 때면 병풍을 조심스레 펴는 일은 내 몫이다. 고향을 등진지 오래지만 할아버지의 체취와 문향을 고스란히 간직할 수 있다는 꿈만 같고 자랑스럽다. 할아버지의 작품을 찾아온 게 얼마나 잘한 결정이었는지 요즘도 병풍을 펼 때마다 가슴이 두근거린다.

과거를 소중히 하면서 현재를 충실하게 살 수 있다면 과거와 현재와 미래를 연결해 주는 행복한 삶이 아닐까 싶다. 나는 여전히 과거와 현재 그리고 미래를 살아갈 것이므로.

불씨

유년시절, 성냥에 관한 기억이 유별나게 많다. 내 유년기는 나무를 연료로 사용하던 시기였다. 더구나 산촌에 살았기 때문에 성냥은 빠질 수 없는 생활필수품의 하나였다. 지금은 주 연료가 가스나 전기로 바뀌어서 성냥의 쓰임새가 이전과 비교할 수 없을 만큼 줄어들어 이제 성냥은 그 용처조차 찾기 어려운 추억속의 물건이 되어버렸다.

나의 어린 시절에는 거의 팔각이나 사각의 둔중한 성냥들이었다. 지금처럼 멋을 부리거나 디자인을 찾던 시기는 아니었다. 실용성만을 염두에 두고 만든 물건이다 보니 모양이나 색상을 염두에 둘 수 없었다.

겨울에는 불이 많이 났다. 추위도 추위지만 땔감난방을 하고 인화성이 강한 물질을 사용하여 세운 집들은 건조한 겨울바람에 더욱 말라 버렸다. 인화점이 낮은 나무나 짚들을 많이 사용하던 때라서 불이 나면 온 동네사람들이 물동이를 들고 모였다.

우물물이 식수였던 시절이었다. 그 흔한 소방차도, 수돗물을 끌어드릴 호스도 없던 때였으므로 거의 언제나 불의 승리였다. 초가집은 어떻게 손을 써볼 재간도 없이 순식간에 불에 타면서 주저앉아 버렸다. 매번 싱겁게 끝났다. 사람이 상하거나 다치지 않은 것도 다행이었다.

70년대에 이르러 화재예방을 이유로 높은 곳에 사이렌이 설치되었다. 그러나 우물에서 물을 길러 불을 끄는 현실에 비춰보면 사이렌은 전시용 행정의 표본 같은 것이었다.

집집마다 '꺼진 불도 다시보자.' 는 빛바랜 표어가 붙었다. 구약성경에서 하와가 뱀의 유혹에 빠져 '선악과' 를 먹은 것도 '판도라의 상자를 연 것도' 여자요, 어른이었다. 불을 취급하다가 부주의로 불을 내는 것도 어른들이었다.

그러나 실상은 달라졌다. 아이가 장난을 치다가 불이 일어난 것처럼 성냥과 아이들의 관계는 물과 기름의 관계처럼 결코 가까이해서는 안 되는 사이가 되어버렸다. 사실 위험하기도 하고 안전이라는 측면에서 보면 틀린 말이 아니다.

그러나 당시의 우리들은 그냥 그러려니 할 수 없었다. 불기운이 있어야 혹독한 겨울 산에서 검정 고무신과 나일론 양말 위로 올라오는 냉기를 버티기가 수월했다. 허한 속을 덥히기 위해서라도 고구마를 구워먹는 일은 포기할 수 없었다. 어른들도 겨울의 진미가 가진 달콤한 유혹을 이기지 못하는데 아이들인들 어찌 이길 수 있으랴. 그래서 각양의 방법이 동원되어 불을 지피는 묘안을 만들게 되었다.

가장 흔한 방법으로는 라면 박스를 담뱃갑만큼 잘라서는 앞면과 뒷면 사이에 있는 쿠션 부분에다 성냥 알을 넣는다. 휴대하기도 좋고 성냥 알맹이도 흐르지 않아서 좋았다. 공용으로 쓰는 큰 성냥의 불 켜는 부분을 표시나지 않게 잘라서 붙이면 훌륭하고 멋진 휴대용 성냥이 되었다. 그러나 표시나지 않게 불 켜는 부분을 표시나지 않게 찢어 오는 것이 어려워 매타작의 단초구실을 톡톡히 하기도 했다. 그 외에도 냇가에서 주운 까맣고 반들반들한 차돌은 부싯돌이 되어 성냥개비만 있으면 제법 불을 켤 수 있었다. 그러나 흐리거나 비 오는 날에는 어쩔 수가 없었다, 습기 때문에 유황이 떨어져나가 맨머리 성냥개비를 여기저기 버리던 기억이 난다.

70년에 접어들어 도시로 이주를 했다. 그때 이사를 하면 이웃이나 친척이 이사 기념품으로 집안 살림이 불처럼 일어나라고 이사 축하 선물로 성냥을 가져다주었다. 성냥은 날마다 쌓이고 쌓이더니 평생을 쓰고도 남을 만큼 많아졌다.

성냥의 많음으로 따졌다면 부자가 분명히 되어야했지만 그저 바람으로 그치고 말았다.

어떤 분이 작은 성냥 백곽이 든 성냥보따리를 선물로 가져왔다. 나는 틈이 날 때마다 다락에 올라가서 성냥을 만져보고 세워보고 불을 켜며 놀았다. 매캐한 유황냄새가 다락방에 가득 찰 정도였지만 불의 위험성을 모르던 나는 즐겁기만 한 놀이였다. 주머니마다 성냥을 가득 넣고 다니며 나누어 주기도 했다. 그러나 얼마 지나지 않아서 도시에서는 시골만큼 성냥의 쓰임새가 없음을 알고는 시들해지고 말았다.

시대가 바뀌어 성냥을 구경하기 힘들게 되었다. 성냥을 쓰지 않아도 불을 켜기 위한 대용품들이 무수히 많다. 그중에서 일회용 라이터가 인기다. 덕분에 호롱불과 석유곤로를 쓰기위해 유황냄새를 맡이야 하는 수고로움은 이제 필요가 없다. 아니, 호롱불과 석유곤로조차 우리들의 기억에서 잊힌 물건이 되었다. 편리함으로 따지자면 성냥은 더더욱 필요 없는 물건이 되었다.

그러나 만사를 어찌 편리함이나 효율성과 합리성만 따질 것인가. 세상에는 효율성이나 공급과 수요의 법칙만으로 계산할 수 없는 것들이 많다. 시대가 바뀌어 성냥이 모조리 없어진다 해도 산촌 아이들에게 희망의 온기를 주었던 성냥의 불씨는 오래도록 가슴에 남을 것이다.

산

경주는 산이 나지막하고 거칠지 않아 정감이 있다. 웅장하고 장엄한 기상을 가진 산이 없는 것은 아니지만, 내가 자란 동네는 사방으로 둘러보아도 고만고만한 산들로 둘러싸여 있었다.

내가 처음으로 인식한 산은 삽짝문과 울타리 위로 보이는 앞산이었다. 천 년 고찰 신흥사로 오르는 산이었는데, 아침마다 눈을 뜨면 삽짝 문 위로 보이는 그 산은 김광균의 「추일서정」에 나오는 '길은 넥타이처럼 풀어져' 라는 말이 저절로 나올 만큼 꼬불꼬불했다. 초행길이라면 어느 곳에서도 길의 전체를 알 수 없고, 정상에 올라서야 겨우 가늠이 될 정도로 제 모습을 숨겼다.

아침에 일어나면 습관처럼 바라보았는데 맑은 날이면 언제나 햇볕이 환하게 내려앉아 있었다. 그 산을 바라보며 계절과 날씨를 가늠하였는데 봄 · 여름 · 가을 · 겨울 풍경을 가장 먼저 가감 없이 보여주었다.

꾸불꾸불 가파른 산을 따라 돌아 올라가는 길은 바라만 보아도 숨이 헉헉 막혔다. 한낮에 삼발이가 굽이굽이 모퉁이를 돌아 뽀얀 먼지를 내며 헉헉거리듯 더디게 오르는 것을 보며 막연하게 재 너머 마을을 상상하기도 하였다.

그 다음이 뒷산이다. 들판을 끼고 앉은 뒷산은 마을을 중심으로 보면 뒤에 있었다. 그러니까 산의 정확한 이름이 아니라 순전히 위치상의 편의로 부르는 이름이었다. 마을을 중심으로 앞에 있으면 접두사로 앞이 붙었고 뒤에 무엇이 있으면 뒷골이나 뒷마을로 불렀으니 말이다. 그러니까 마을 앞을 흐르는 큰 사토질 내를 건너면 앞산이 있었고 뒷문을 열면 뒷산이 보였다. 비록 울타리로 심어 놓은 대나무 때문에 많이 가려지긴 했지만 말이다.

뒷산은 여러 개의 산으로 되어 있었으나 뭉텅 거려서 뒷산으로 불렀다. 가까이 있는 뒷산은 앞산에 비해 나지막했다. 간신히 비산비야를 벗어난 정도였으나 지리적인 특성과 지척이라는 인식적인 가까움도 있어서 생활전반에 걸쳐 지대한 영향을 끼쳤다.

봄에는 진달래꽃을 따거나 나물을 찾는 사람들의 발길이 잦았고, 여름에는 평상이나 고목나무 그늘을 대신에 폭염을 피하는 자리였다. 어디 그뿐이랴, 산이 구릉처럼 생겨 가파르지 않고 나지막하고 친근하니 조무래기들이 처음 지게를 지고 나무하는 법을 배우는 곳이기도 했다.

뒷산은 마을과 가장 가깝고 살가웠으며 마을사람들과는 뗄래야 뗄 수 없었다. 춘삼월 화전놀이가 행해지는 곳도 당연히 뒷산 몫이었으니 뒷산은 우리에게 뒷마당이나 다름없는 곳이었다. 그러나 뒷산은 마을과 인접한 몇몇 곳을 제외하면 음지의 산이었다. 윤달래라 불리던 철쭉이 많이 피는 산이었는데 마을에서 제 땅에 묘를 쓸 수 없는 가난한 사람이거나 어린 나이에 죽은 사람을 그곳에 묻었다. 주로 어린 아이들이 병으로 죽으면 그곳에 묻었는데, 그 산 비탈에 나의 막내 여동생 순이도 묻혀 있다.

내가 걸음걸이를 하고 차츰 철이 들면서 앞산 뒷산 다음에 알게 된 산이 세빠디이라는 산이었다. 세빠디이는 우리가 뒷산이라 부르는 가장 먼 거리에 있었고, 우리가 인식하는 뒷산 중에 가장 가파르고 산의 골도 깊은 산이었다. 아직도 지적도상의 정확한 이름을 모르지만 지게를 지고 언덕길을 오르면 세 즉 혀가 빠질 듯이 힘이 든다고 지은 것이 아닐까 추측해 볼 뿐이다.

학교에 다니면서부터 나에게 산은, 하루에 한 짐 군불을 때기 위해 나무 하는 곳이었다. 그리고 가끔은 묘(고)사를 지내는 행렬을 따라 올라가 찰떡이나 시루떡을 얻어먹는 재미도 있었던 곳이었다. 그러던 것이 성년이 되면서부터는 선산벌초를 하기 위해 산을 오르는 것이 주목적이 되었다.

이제 타향살이를 한지 어느 덧 40년에 가깝고 고향의 산은 많이 멀어졌지만 요즘에야 나는 조금씩 산을 알아가고 있다. 과정은 없고 오로지 목적만을 생각하고 오르는 산놀이에서 탈피하고 있는 셈인 것이다.

나에게 산은 고산준령의 험악하고 거친 산이 아니다. 또 정복이라는 이름으로 짓밟는 산도 아니다. 세월의 더께가 내려앉은 고찰에 들어가면 스스로 마음이 평온해 지듯이 고향의 뒷산처럼 친근하고 산보하듯 즐거운 곳인 것이다.

땀 흘려 산에 오르면 사위를 골고루 둘러볼 수 있어 좋고 탁 트인 산정에서 걸림 없이 내려다보는 풍경이 더 없이 좋다.

이 나이가 되도록 물욕은 조금도 줄어든 것 같지 않고, 불혹을 넘은 지 강산이 바뀌었어도 세상에 대한 미련과 시시비비를 가리려는 마음은 조금도 꺾임이 없다. 그러나 산에 오르면 자연이 경이롭고 그저 좋다. 산에 간다는 것은 나를 되돌아보는 시간이므로 그것만으로 좋은 것이다.

산에 오르면 나는 스스로에게 수많은 문답을 한다. 그건 자연과의 대화가 아니라 나에게 내가 묻고 답하는 일이다. 풀리지 않은 생각의 고리들을 잡아 다그치기보다 그 것에서 잠시 뒤로 물러나서 지나 온 길을 쳐다보듯 뒤돌아보면 스스로 길을 만들어 준다.

중년의 길을 걷는 이제 산은 말없이 가르치는 스승이고 아울러 함께 걸으며 이야기 할 수 있는 아주 친근하고 다정한 벗이기도 하다.

세월

인쇄일 2014년 6월 20일
발행일 2014년 6월 25일

지은이 배병채
펴낸이 박철수
펴낸곳 도서출판 해암

등록번호 제325-2001-000007호
부산시 중구 백산길 17
TEL. 051)254-2260, 2261
E-mail. haeamg@korea.com

값 12,000원

ISBN : 978-89-6649-052-3 03810

*본 도서는 2014년 부산문화재단 지역문화예술육성지원사업의 일부 지원으로 제작되었습니다.